実務のための

貸倒損失
判例・裁決例集

共著　林 仲宣・竹内 進・小野木賢司・四方田 彰
　　　角田敬子・茂垣志乙里・谷口智紀・高木良昌

税務経理協会

はしがき

　法人の有する金銭債権が一定の事実が発生した場合には，その債権額の全部又は一部を貸倒損失として，その事実が発生した日の属する事業年度において損金の額に算入できる。すなわち，法人税法22条3項3号にいう「当該事業年度の損失の額」として損金の額に算入されることになる。

　この貸倒損失について法令には明確な規定がないことから，貸倒れ計上の時期については，納税者と課税庁の間で争いが生じることは多い。実務上は，法人税基本通達（9－6－1～3）により判断されることが通常であり，法人の金銭債権について，法律上の貸倒れ，事実上の貸倒れ及び形式上の貸倒れとして，次のような事実が生じた場合には，貸倒損失として損金の額に算入されることになる。

(1) 金銭債権が切り捨てられた場合（法律上の貸倒れ）
　　以下に掲げるような事実に基づいて切り捨てられる金額は，その事実が生じた事業年度の損金の額に算入できる。
　① 会社更生法，金融機関等の更生手続の特例等に関する法律，会社法，民事再生法の規定により切り捨てられた金額
　② 法令の規定による整理手続によらない債権者集会の協議決定及び行政機関や金融機関などのあっせんによる協議で，合理的な基準によって切り捨てられた金額
　③ 債務者の債務超過の状態が相当期間継続し，その金銭債権の弁済を受けることができない場合にその債務者に書面で明らかにした債務免除額

(2) 金銭債権の全額が回収不能となった場合（事実上の貸倒れ）
　　債務者の資産状況，支払能力等からその全額が回収できないことが明らかになった場合には，その明らかになった事業年度において貸倒れとして損金経理することができる（担保物があるときは，処分後）。

(3) 一定期間取引がない場合等（形式上の貸倒れ）
　　以下に掲げる事実が発生した場合には，その債務者に対する売掛債権（貸付金を除く）は，その売掛債権の額から備忘価額を控除した残額を貸倒れとして損金経理をすることができる。
① 継続的な取引を行っていた債務者の支払能力等が悪化したため，取引を停止した場合において，1年以上，弁済がないとき
② 同一地域の債務者に対する売掛債権の総額が取立費用より少なく，支払を督促しても弁済がない場合

　貸倒損失は，いうまでもなく回収不能の債権額を損失とみなして費用化することであり，所得を減算できることから，上述のように貸倒損失の計上には制約がある。とくに事実上の貸倒れにおける「その全額が回収できないことが明らかになった場合」の判定については，課税庁と見解の相違が発生しやすい。
　しかしながら，貸倒損失の計上による損失は，課税庁が危惧する利益調整より，企業側は，経営成績に及ぼす影響を考慮することも多い。多額の貸倒処理により利益が減少することは，金融機関対策として避ける必要もあり，損失の計上を先送りする手法も検討されやすい。しかも，税務対策としては，一定期間取引がない場合等が基準となる形式上の貸倒れの判断においては，年数が経過することでその効果が増すことも否定できない。つまり，換言するならば，この先送り手法は，事実上の貸倒れや形式上の貸倒れにおける判断基準のもつ曖昧性を利用しているといえる。
　もっとも貸倒処理を安易に先送りすることは，債務が長期に渡って滞留し，かえって財務状況の回復・改善に時間がかかることも明らかである。さらに税務の取扱いでは，事実上の貸倒れや形式上の貸倒れの判定ではともかく，前述の通り，破産手続など法的手続により法律上の貸倒れが認定できる場合に，あえて先送りすることは，貸倒損失の計上時期について課税庁と対立する事例もあることに留意すべきである。最近の判例の傾向では，あえて貸倒処理に躊躇

する企業の姿が見え隠れするような気がする。

　本書は，月刊誌「税経通信」の平成25年2月号から平成27年5月号まで，「判例・裁決例でチェック！貸倒損失の現場判断」と題して28回に渡って連載した56編の事例解説の中から，50編を選択し，編集したものであり，貸倒損失に関する最近の重要事例を網羅している。編集作業は，谷口智紀准教授と高木良昌税理士にお願いした。

　本書の出版については，連載企画の段階から㈱税務経理協会・吉冨智子氏からのご支援の賜物であり，あらためて感謝する次第である。

　平成27年（2015年）12月

執筆者を代表して
林　仲宣

（凡例等）

※TKC法律情報データベース（LEX／DBインターネット）については「TKC」，一般社団法人日税連税法データベースについては「TAINS」と表記している。

※本書では，法令通達の条文番号等については，公表当時のままで記載している。

※本書において「納税者の主張」「課税庁の主張」「裁判所（審判所）の判断」としている部分は，判例・裁決例原文の一部を抜粋し，読みやすくするために用語等の一部変更を行っている。

目　次

はしがき

凡例等

第1章　法人税法における貸倒損失

CASE 01 貸倒損失の判定基準に対する適用と判断 …………………………… *2*
［貸倒損失の判定基準を定めた法人税基本通達に反する損金処理の是非］
(参考)
大阪地方裁判所　H9.5.20判決　TKC28030912／TAINS Z999-0015
大阪高等裁判所　H10.3.13判決　TKC28040103／TAINS Z999-0018

CASE 02 貸付金と貸倒損失 ……………………………………………………… *6*
［納税者の計上した貸付金及び未収入金が架空のものとして，貸倒引当金（平成15年度）及び貸倒損失（平成16年度）に計上できるか否か］
(参考)
東京地方裁判所　H20.6.26判決　TKC25470837／TAINS Z258-10974

CASE 03 子会社の営業譲渡と債権放棄 ………………………………………… *9*
［子会社等を整理する場合の損失負担に定める「相当の理由」の判断基準］
(参考)
国税不服審判所　H9.6.2裁決　TKC26011177／TAINS J53-3-17

CASE 04 貸付金の貸倒損失及び有価証券の固定資産除却損の架空計上 …… *14*
［貸付金及び有価証券の帰属の判断］
(参考)
東京地方裁判所　H13.7.4判決　TKC28102165／TAINS Z251-8940
東京高等裁判所　H13.12.25判決　TKC28102240／TAINS Z251-9041

CASE 05 任意団体である遺跡調査会に対する工事請負代金 ……………… *18*
［当該事業年度において，未収入金である請負代金等について，これを貸倒損失として計上することができるかどうか］
(参考)
横浜地方裁判所　H17.5.18判決　TKC25420177／TAINS Z255-10032
東京高等裁判所　H17.10.26判決　TKC25420308／TAINS Z255-10176

CASE 06 (参考) 実際には存在しない債権とされた貸倒処理の是非 ……… 25
［法人代表者の貸金契約を法人取引として行った貸倒処理を仮装した場合に該当するとして行われた重加算税賦課決定処分の適否］
国税不服審判所　H24.10.16 裁決　TKC26012628／TAINS J89-2-08

CASE 07 (参考) 貸付金及び貸倒損失の経費性 ……… 30
［法人代表者による貸付金及び貸倒損失は法人の営業において必要か］
大阪地方裁判所　S62.12.15 判決　TKC22004338
大阪高等裁判所　H元.3.3 判決　TKC22004337

CASE 08 (参考) 同族会社の元代表者に対する貸付金等の回収可能性 ……… 33
［貸付金等を貸倒損失として損金算入するためには，全額が客観的に回収不能であることを要するか否か］
東京地方裁判所　H25.10.3 判決　TKC25515308／TAINS Z888-1793

CASE 09 (参考) 保証債務の代位弁済と貸倒損失 ……… 38
［保証債務を履行するために支払った金額は，貸倒損失として損金の額に算入することができるか否か］
国税不服審判所　H16.3.17 裁決　TKC26100149／TAINS F0-2-235

CASE 10 (参考) 同族会社との不動産賃貸借契約の妥当性 ……… 41
［個人と同族会社間における未収賃料に係る貸倒損失を不動産所得の金額の計算上必要経費に算入することができるか］
東京地方裁判所　H17.7.8 判決　TKC25420216／TAINS Z255-10073
東京高等裁判所　H17.12.22 判決　TKC25420377／TAINS Z255-10257

CASE 11 (参考) 推計課税と貸倒損失 ……… 45
［課税庁の推計課税による所得計算における貸倒損失の認定方法］
福岡地方裁判所　H5.5.18 判決　TKC22007319／TAINS Z195-7134
福岡高等裁判所　H7.2.15 判決　TKC28020258／TAINS Z208-7459
最高裁判所　H8.10.14 判決　TKC28032073／TAINS Z221-7793

CASE 12 (参考) 簿外金銭債権と貸倒損失 ……… 50
［簿外金銭債権の貸倒れは損金算入することができるか］
那覇地方裁判所　H17.12.14 判決　TKC25420354／TAINS Z255-10226

CASE 13 (参考) 貸倒れの認定における回収不能の判断基準 ……………………… 54
[貸倒損失の処理は，裁判上の和解によるべきか否か／貸倒損失の処理における事実上の回収不能とは]
国税不服審判所　H14.2.5 裁決　TAINSF0-2-057

CASE 14 (参考) 貸金債権の存在が認められなかった場合 ……………………… 59
[貸金請求訴訟の勝訴判決は債権の存在を証明するものとなるか]
国税不服審判所　H3.6.10 裁決　TKC26010685／TAINS J41-1-05

CASE 15 (参考) 貸倒損失の仮装と事実認定 ……………………… 64
[貸金債権の存在は，仮装によるものか否か]
浦和地方裁判所　H7.8.28 判決　TKC28021462／TAINS Z 213-7566

CASE 16 (参考) 子会社に対する債権放棄と貸倒れの基準 ……………………… 71
[納税者の子会社に対する貸付金の債権放棄の適否と寄附金該当性]
横浜地方裁判所　H5.4.28 判決　TKC22007252／TAINS Z195-7128
東京高等裁判所　H7.5.30 判決　TKC28020319／TAINS Z209-7528

CASE 17 (参考) 医療法人に対する貸付金の免除 ……………………… 77
[医療法人に対する貸付金の免除を，その公益性を考慮することにより貸倒損失として損金の額に算入できるか否か]
東京地方裁判所　H11.3.30 判決　TKC28071216／TAINS Z241-8377

CASE 18 (参考) 債権放棄後に一部の支払いを受けた場合 ……………………… 81
[納税者が債権放棄により貸倒損失とした債権が，債権放棄を行った当時，当該債権の回収不能の事態が客観的に明らかであったかどうか]
国税不服審判所　H18.11.27 裁決　TKC26012053／TAINS J72-3-23

CASE 19 (参考) 子会社に対する債権放棄 ……………………… 84
[債務者の債務超過の状態が相当期間継続していることの判断基準／貸金等の回収不能の要件]
大阪地方裁判所　H15.10.15 判決　TKC28090151／TAINS Z253-9454
大阪高等裁判所　H17.2.18 判決　TKC254520104／TAINS Z255-09936
最高裁判所　H18.1.26 決定　TKC25450473／TAINS Z256-10284

CASE 20 (参考) 立替金を債権放棄した場合 ……………………………… 88
［立替金債権を放棄した場合の貸倒損失計上の判断基準／債務超過判定における土地の評価方法］
東京地方裁判所　H19.9.27 判決　TKC25463485／TAINS Z257-10792
東京高等裁判所　H20.3.6 判決　TKC25470614／TAINS Z258-10912

CASE 21 (参考) 回収不能といえない債権放棄 ……………………………… 92
［債権放棄は貸倒損失として損金算入することができるか／どのような債権放棄が法人税法上の寄附金に該当するか］
宇都宮地方裁判所　H15.5.29 判決　TKC28130653／TAINS Z253-9355

CASE 22 (参考) 金銭債権の事実上の貸倒れと損金算入の認定基準—興銀事件 ……… 97
［金銭債権の事実上の貸倒れと損金算入の認定基準／金銭債権の貸倒れが全額回収不能であることの事実認定］
東京地方裁判所　H13.3.2 判決　TKC28060496／TAINS Z 250-8851
東京高等裁判所　H14.3.14 判決　TKC28070932／TAINS Z 252-9086
最高裁判所　H16.12.24 判決　TKC28100148／TAINS Z 254-9877

第2章
所得税法における貸倒損失

CASE 23 (参考) 債務者が死亡した場合 ……………………………… 104
［金銭債権の債務者が死亡し，相続人が不存在である場合に金銭債権の全額が回収不能となった（事実上の貸倒れ）場合の判断基準／「その債務者の資産状況，支払能力等からみてその全額が回収できないことが明らかになった場合」の判断基準］
秋田地方裁判所　H17.10.28 判決　TKC25420315／TAINS Z255-10184

CASE 24 (参考) 貸倒損失の認定基準 ……………………………… 108
［金銭貸付債権が法律上消滅又は事実上回収不能な状態の判断］
松山地方裁判所　H17.4.26 判決　TKC25420166／TAINS Z255-10010

CASE 25 (参考) 貸倒損失の存在の合理的な推認 ……………………………… 113
［貸倒損失の存在をある程度合理的に推認させるに足りる立証］
国税不服審判所　H21.12.16 裁決　TKC26012309／TAINS J78-2-09

01 目　次

CASE 26　貸倒損失の必要経費該当性の判断 ……………………………………… *117*
（参考）［事業遂行上生じた債権の判断基準］
東京地方裁判所　　H16.9.14 判決　TKC28141302／TAINS Z 254-9745
東京高等裁判所　　H17.2.9 判決　　TKC25420100／TAINS Z 255-09930
最高裁判所　　　　H17.6.23 決定　　TKC25420205／TAINS Z 255-10061

CASE 27　税理士の顧問先への貸付金 ……………………………………………… *121*
［税理士の顧問先への貸付等が，それ自体独立して法人税法27条１項にいう「事業」と認められるか／貸付等が，客観的に見て税理士業と直接関係を持ち，かつ，業務遂行上通常必要であるということができるか否か］
（参考）
千葉地方裁判所　　H17.11.11 判決　TKC25450628／TAINS Z255-10200
東京高等裁判所　　H18.3.16 判決　　TKC25420329／TAINS Z256-10346

CASE 28　事業の業務遂行上に発生した貸倒損失の意義 ………………………… *128*
［貸付金が不動産所得又は事業所得を生ずべき事業の遂行上生じたものとして貸倒損失として計上できるか］
（参考）
東京地方裁判所　　H25.1.29 判決　　TKC25510526／TAINS Z 263-12142

CASE 29　個人病院経営者の同族会社への貸付金と貸倒損失 ………………… *132*
［貸付金は病院事業の遂行上生じたものとして通常必要なものであるか否か］
（参考）
岡山地方裁判所　　H18.1.11 判決　　TKC25450423／TAINS Z 256-10261

CASE 30　貸付金の債権放棄と事実判断 ……………………………………………… *139*
［口頭による債権放棄によって貸倒損失として必要経費に算入することができるか／利息制限法による制限を超過した利息分は，破産時の債権届出に際し再計算され元本に充当されるから届出をしないことが債権放棄となるのか］
（参考）
津地方裁判所　　　H8.5.13 判決　　TKC28030342／TAINS Z216-7725
名古屋高等裁判所　H8.9.25 判決　　TKC28032066／TAINS Z220-7783
最高裁判所　　　　H11.2.4 判決　　TKC28061121／TAINS Z240-8335

CASE 31　経営コンサルタント業者の貸付行為と貸倒損失 ……………………… *145*
［金銭貸付行為が事業所得における「事業」に該当するか否か］
（参考）
東京地方裁判所　　H16.11.30 判決　TKC28141584／TAINS Z254-9839

CASE 32 (参考) 共益債権の貸倒引当金への算入の可否 ·········· 150
[共益債権は貸倒引当金に算入できるか否か／回収不能賃料額は貸倒損失に算入できるか否か]
国税不服審判所　H17.4.27 裁決　TKC26100023／TAINS F0-1-228

CASE 33 (参考) 貸付債権の譲渡と貸倒損失 ·········· 154
[貸金業を営んでいる納税者の事業所得の金額の計算につき，貸付債権を譲渡したことにより生じた損失が，事実上発生したかどうか／貸付債権について，自己破産等により生じている損失は，どの事業年度において貸倒損失として必要経費に算入すべきであるか]
国税不服審判所　H15.3.25 裁決　TKC26011739／TAINS J65-2-09

CASE 34 (参考) 事業継続を前提とした債務免除と債務免除益の特例の適用 ·········· 157
[所得税基本通達36－17（債務免除益の特例）の適用基準／事業継続を前提とした債務免除に対する基本通達36－17の適用の可否]
最高裁判所　H19.10.2 決定　TKC25463486／TAINS Z257-10795
仙台地方裁判所　H17.2.28 判決　TKC28111251／TAINS Z255-09945
仙台高等裁判所　H17.10.26 判決　TKC28131413／TAINS Z255-10174

CASE 35 (参考) 未収貸付利息の計上時期と貸倒損失の必要経費該当性 ·········· 162
[利息制限法の利率を超過する場合の貸倒損失額の基礎となる貸付利息の計上時期]
水戸地方裁判所　H7.3.17 判決　TKC28020270／TAINS Z208-7478
東京高等裁判所　H8.4.22 判決　TKC28030275／TAINS Z216-7718
最高裁判所　H10.5.26 判決　TKC28030275／TAINS Z232-8168

CASE 36 (参考) 飲食店の売掛金と貸倒損失 ·········· 165
[飲食代金に係る貸倒損失の計上時期の判断]
東京地方裁判所　H5.10.8 判決　TKC28015072

CASE 37 (参考) 賃借人の債務超過と貸倒損失 ·········· 169
[債務超過ではあるが，経常利益を計上している賃借人に対しての未収賃貸料を貸倒損失として必要経費に算入することができるか]
東京地方裁判所　H17.6.23 判決　TKC25420206／TAINS Z255-10062

CASE 38 (参考) 事業遂行上生じたものとは認められない貸付金と貸倒損失 ·········· 173
[貸付金が，所得税法51条2項における，事業遂行上生じた貸付金であったかどうか／貸付金と，事業による収入との間に相当因果関係が認められるか否か]
国税不服審判所　H4.12.9 裁決　TKC26010814／TAINS J44-2-09

第3章
計上時期が争点となった事例

CASE 39（参考） 破産手続を行った場合の貸倒れの時期 ……………… *178*
［法人の破産手続と破産債権に係る貸倒れの時期の関係について，売掛債権に係る貸倒損失の計上時期］
国税不服審判所　H20.6.26 裁決　TKC26012191／TAINS J75-3-21

CASE 40（参考） 貸倒損失の計上時期 ……………………………………… *182*
［金銭債権につき，その債務者の資産状況，支払能力等からみてその全額が回収できないことが明らかになった場合の判断基準］
国税不服審判所　H15.2.19 裁決　TKC26011762／TAINS J65-3-32

CASE 41（参考） 停止条件付債務免除契約における貸倒損失の計上時期 ……… *186*
［和解契約において債務免除に条件が付されている場合，貸倒損失を損金に計上することが可能となる時期の判断基準］
国税不服審判所　H11.12.22 裁決　TKC26100035／TAINS F0-2-169

CASE 42（参考） 保証債務の損金計上時期 ………………………………… *189*
［確定判決を得て負担する債務金額が確定した保証債務につき，現実に履行する前でもその年度の損金とされるか否か］
国税不服審判所　H6.12.22 裁決　TKC26010983／TAINS J48-2-03

CASE 43（参考） 金銭貸付行為の事業性判定基準と貸倒損失の計上時期 ……… *192*
［貸付金の担保物の処分と貸倒損失の計上時期］
名古屋地方裁判所　H4.4.24 判決　TKC22005568／TAINS Z189-6897
名古屋高等裁判所　H5.9.30 判決　TKC22007958／TAINS Z198-7202
最高裁判所　H6.10.25 判決　TKC28011158／TAINS Z206-7401

CASE 44（参考） 従業員の不法行為に対する損害賠償請求権 ……………… *198*
［従業員の不法行為に対する損害賠償請求権の額の益金計上時期／損害賠償請求権に係る貸倒損失の計上時期］
東京地方裁判所　H20.2.15 判決　TKC28141628／TAINS Z258-10895
東京高等裁判所　H21.2.18 判決　TKC25451002／TAINS Z259-11144
最高裁判所　H21.7.10 決定　TKC25471435／TAINS Z259-11243

| CASE 45 (参考) | 破産終結の事実を遅れて知った場合の貸倒損失の計上時期 ················ 202
[取引先である法人が破産手続を行った場合の破産債権に係る貸倒損失の必要経費算入時期における判断基準]
国税不服審判所　H22.7.1 裁決　TKC26012394／TAINS J80-2-04

| CASE 46 (参考) | 事業所得における貸倒損失の計上時期 ·································· 206
[事業所得における貸倒損失の計上時期は，債権確定時か，回収不能もしくは放棄という事実が確定した時か]
佐賀地方裁判所　H3.9.27 判決　TKC22005722／TAINS Z186-6773

第4章
立証責任が争点となった事例

| CASE 47 (参考) | 貸倒損失における立証責任と事実上の推定 ···························· 210
[納税者が貸倒損失として損金算入した貸付金債権の存在についての立証責任の分配]
仙台地方裁判所　H6.8.29 判決　TKC 22008521／TAINS Z205-7378
仙台高等裁判所　H8.4.12 判決　TKC 28030269／TAINS Z216-7710
最高裁判所　　　H8.11.22 判決　TKC 28032107／TAINS Z221-7818

| CASE 48 (参考) | 貸倒損失の立証責任 ·· 214
[貸倒損失の計上において，納税者における立証責任の程度]
大分地方裁判所　H15.3.17 判決　TKC 28130578／TAINS Z253-9308

| CASE 49 (参考) | 推計課税に対する実額反証をめぐる納税者の主張立証責任 ············ 219
[実額反証における主張立証責任と立証の程度／所得税法64条1項の適用をめぐる納税者の立証責任]
長野地方裁判所　H17.10.28 判決　TKC 25420318／TAINS Z255-10187
東京高等裁判所　H18.5.31 判決　TKC 25450879／TAINS Z256-10412

| CASE 50 (参考) | 貸倒損失の立証責任と債権の架空計上 ································ 223
[貸倒損失に係る原因債権の架空計上がなされているか否か]
名古屋地方裁判所　H19.11.8 判決　TKC 25463520／TAINS Z257-10818

第1章
法人税法における貸倒損失

CASE 01 貸倒損失の判定基準に対する適用と判断

(参考)
大阪地方裁判所　H9.5.20 判決　TKC28030912／TAINS Z999-0015
大阪高等裁判所　H10.3.13 判決　TKC28040103／TAINS Z999-0018

[争点]

貸倒損失の判定基準を定めた法人税基本通達に反する損金処理の是非

　本事案は，貸倒損失の判定基準を定めた法人税基本通達に反する損金処理により申告し，更正処分等を受け，過少申告加算税等を賦課された企業が，顧問税理士に対して損害賠償請求を提訴した結果，税理士に対する損害賠償の一部が認容された税理士損害賠償請求訴訟の事案である。税理士は，企業側が課税処分等の取消訴訟によって司法の判断を求める途を放棄し，税理士に対してあらぬ責任を追及するのは極めて不当であると主張していることから，損金経理に関する税法上の司法判断はなされていない。

　税法の基本原則のひとつである租税法律主義の理念（憲法30条・84条）に従えば，法令遵守いわゆるタックス・コンプライアンスは課税庁に課せられている。本事案でも税理士は，税に関する基本通達は，法令には当たらず，あくまでも，行政内部における法令の解釈，運用の指針にすぎず，通達に従った処理が法令の本来の趣旨に反している場合，社会，経済情勢の変動などの事情で妥当性を欠くに至った場合は，通達に従った取扱いないしは通達自体が違法となると当然の指摘をする。

　これについて，裁判所は，基本通達は税務に関する取扱いが公平，迅速に行われることを目的に作成されているものであって，一般的に合理性を有するもので，課税庁が基本通達に依拠して税に関する事項を取り扱っている以上，これに反する処理をしても，当該処理が税務当局に受け入れられる可能性は少な

いと説示する。重ねて裁判所の見解は，税理士は，社長に対して基本通達に反する処理を行うことにより，当局によって認められない可能性について一応説明したが，事前に当局に打診した形跡はなく，このような処理をすることにより不利益を受ける可能性が高いことを十分説明したとは認められず，全体としては，企業に対し，損金処理が認められる印象を与える説明となっていたといわざるを得ないという。

本事案を税務訴訟の視点から，税理士の主張を通常の納税者の判断に置き換えて考えることは興味深い。つまり，通達の示す判定基準と異なる見解で損金経理した場合の当局の反応である。いわば通達課税に対する反論である。

そうなると損金経理の是非について取消訴訟が提起されなかったことは残念といえるが，これは決して税理士としての同業にある者の偏狭な意見ではない。

事実の概要と経緯

本事案の原告は，商業手形割引等による貸金業を営む会社であり，被告は，原告と税理士顧問契約を締結した税理士である。原告は，法人税申告について，税務署長から，更正処分及び過少申告加算税の賦課決定を受け，国税不服審判所に審査請求を行ったが，審査請求はいずれも棄却された。

原告が更正処分を受けた理由は，法人税基本通達（以下，基本通達）により，貸金について担保物があるときはその担保物を処分した後でなければ貸倒として損金処理をすることができないと定めているのに，原告が担保物を処理することなく，貸付金回収不能として損金処理を行っていることについて，当該処理はいずれも認められないというものであった。原告は，被告が，貸倒損失の処理について，担保物のある貸付金の場合の基本通達を無視して，損金処理を行い，申告を行ったと主張した。

これに対して，被告は，以下のように反論した。すなわち，申告事業年度は，いわゆるバブルの崩壊の年であって，不動産を取得した者あるいは不動産を担保として金員を貸し付けた者が例外なく深刻な打撃を被った年である。

このことは公知の事実であり，このような異常な経済状況に鑑みれば，担保物があったとしても，債権額の相当部分が取立て不能となり，かつ担保物の換価に日時を要するであろうことは常態としてみやすいところであった。このような異常な経済実態からすれば，条件付の基本通達によることなく，取立不能額が50パーセントに達しなくても，相当額に達すれば当然に損金に算入することができるとすることが，むしろ，法の趣旨に合致するものと解することに十分な合理性がある。

裁判所の判断

① 基本通達は，税務に関する法令には該当せず，税務当局における税務に関する法令の解釈，運用指針というべきものであるが，基本通達は税務に関する取扱いが公平，迅速に行われることを目的に作成されているものであって，一般的に合理性を有するものである。

② 基本通達（改正前の旧通達）は，「当該貸金の相当部分（おおむね50パーセント以上）の金額につき回収の見込がないと認められるに至った場合は，その回収の見込がないと認められる部分の金額，」，「担保物の処分によって得られると見込まれる金額以外の金額につき，回収できないことが明らかになった場合において，その担保物の処分に日時を要すると認められるとき」には，「その回収できないことが明らかになった金額は」担保物の処分が未だなされていなくても債権償却特別勘定に繰り入れることができるのである。したがって，基本通達は全体として合理的なものとなっていることは明らかである。

③ 税務当局が基本通達に依拠して税に関する事項を取り扱っている以上，これに反する処理をしても，処理が税務当局に受け入れられる可能性は少なく，基本通達に反する損金処理を行って納付すべき法人税額を少なく申告しても，税務当局によって更正処分がなされ，納税者は過少申告加算税を賦課される等の不利益を被る可能性が高い。

④ 被告は，バブル経済の崩壊により不動産・株式の暴落という異常な経済

状況のもとでは，基本通達の文言に反して担保物の処分前でも貸倒として損金処理することは合理的であると考えたのであり，被告の考えにも一理あるものといわなければならないが，一方で，債権償却特別勘定に繰り入れて損金処理する方法があり，これを弾力的に運用することで相当程度貸倒の処理を実情に即して行うことができるから，被告の指導した処理方法が税務当局によって認められる可能性は高くなく，かつ，必ずしもその必要性は高くないといわざるを得ない。

(林　仲宣)

CASE 02 貸付金と貸倒損失

(参考)
東京地方裁判所　H20.6.26 判決　TKC25470837／TAINS Z258-10974

[争点]

納税者の計上した貸付金及び未収入金が架空のものとして、貸倒引当金（平成15年度）及び貸倒損失（平成16年度）に計上できるか否か

本事案では、納税者は、製茶等を業とする株式会社であり、平成14年度の確定申告において、代表取締役に対する貸付金として、約5億円を計上していたが、不動産売買を業とするA株式会社に対しての貸付金を計上していなかった。

納税者は、平成15年度の確定申告において、約1億8,000万円をA社に対する貸倒引当金として損金の額に算入し、残りの3億円強をA社への貸付金として計上した。さらに納税者は、平成16年度の確定申告において、A社に対する貸倒損失として1億3,000万円あまりを損金の額に算入していた。

平成18年1月、課税庁はこれに対し、貸付金は本来納税者の代表取締役に対する貸付金又は未収利息であり、A社に対する貸付金ではないとして、納税者が平成15、16年度の確定申告において、貸倒引当金や貸倒損失として計上した、これらの損金算入額に対する法人税の更正処分を行い、重加算税の賦課決定処分を行った。

納税者がA社に対する貸付金であると主張していた金額を、課税庁は、A社に対する貸付金ではなく、納税者の代表取締役に対する貸付金であるとした点を中心に、貸付金そのものの信憑性について争われた事例である。

納税者の主張

　平成15年度に納税者から，Ａ社に対する貸付金及び未収入金を計上したものであるが，そもそも昭和48年頃からＡ社に対し複数回の貸付けを行い，昭和55年頃Ａ社との間で貸付残額を３億5,000万円とする旨合意したため，本来Ａ社に対する貸付けとして正常な経理処理に戻したにすぎない。

　納税者は平成14，15年当時，取締役会でＡ社に対する貸付金の処理方法について決議していた。

　平成15年当時，貸付金を放棄する趣旨で納税者がＡ社に対する貸付金及び利息が存在しない旨の即決和解を成立させていた。

　昭和50年頃及び60年頃に，Ａ社に対し不動産を担保として提供させていたこと等からも，当該貸付金や未収入金は実在する債権である。

課税庁の主張

　納税者は，平成15年度からＡ社に対する貸付金及び未収入金を新たに計上したが，平成15年当時，Ａ社に対し億単位の金員を貸し付けていたことを裏付ける金銭消費貸借契約書は証拠として提出されていない。

　平成15年当時のＡ社の確定申告書にも，納税者からの借入金の記載は一切存在せず，現在Ａ社の代表者は，納税者からの借入金の存在を否定している。

　納税者とＡ社との間で３億5,000万円の貸付金が不存在であることを確認した旨の和解を成立させているが，これは，納税者がＡ社に対し貸付金を有していたことを裏付けるものではない。

　納税者がＡ社に送付した債権放棄通知書や貸付金の処理方法が記載された取締役会議事録は，信憑性に疑いがあり，Ａ社の土地に根抵当権を設定した登記簿謄本等も貸付金がＡ社に対するものを裏付けるものではない。

裁判所の判断

① 納税者の平成14年度の確定申告書には，Ａ社に対する貸付金が一切記載されておらず，５億円以上もの新たな貸付けがされたのであれば，契約書等が作成されるのが通常であり，貸付けが行われたことを窺わせる証拠はない。

② 平成15年度の納税者の確定申告書に記載されたＡ社に対する貸付金は，実際に存在した貸付金であることを認めるに足りる証拠がないため，実体上の裏付けを欠く架空のものであったことが認められる。

③ Ａ社の法人税の確定申告書には，納税者が放棄したと主張する債権がそもそも記載されておらず，ましてやその放棄の記載など存在しないのであって，債権放棄通知書が存在するからといって，当該貸付金が存在したと推認することはできない。

④ 納税者が税務調査時に示した取締役会議事録と，同時期に納税者が法務局に提出した取締役会議事録とでは，書式が大きく異なるばかりか印影も異なっているのであって，税務調査用に作出したものである疑いがある。

⑤ 以上によれば，納税者のＡ社に対する貸付金が存在したと認めることはできず，貸付金はＡ社に対する架空の債権と認められ，納税者のＡ社に対する貸付金は，未収利息である未収入金も含めて，貸倒引当金及び貸倒損失に計上することはできない。

(四方田　彰)

CASE 03　子会社の営業譲渡と債権放棄

(参考)
国税不服審判所　H9.6.2 裁決　TKC26011177／TAINS J53-3-17

[争点]
子会社等を整理する場合の損失負担に定める「相当の理由」の判断基準

　親会社が子会社を支援するためにその債権を放棄した場合に、貸倒損失として計上できるか、それとも寄附金として取り扱われるのかがしばしば問題となる。
　法人税基本通達9－4－1において、親会社が子会社等に対する債権を放棄あるいは債務を引き受けること等その損失を負担しなければ今後より大きな損失を蒙ることになることが社会通念上明らかであると認められ、やむを得ずその損失負担等をするに至った等そのことについて相当な理由があると認められるときは、親会社におけるその子会社等に対する経済的利益の供与は、子会社に対する寄附金には該当しないものとして取り扱われている。
　すなわち、債権放棄あるいは債務引受け等をするに至った等その損失を負担することに相当な理由があると認められる場合には寄附金に該当しないものとされる。
　本事案では、納税者は、子会社の売掛金及び貸付金を放棄したことについて、J社との取引を維持するためにやむを得ず行ったのであるから相当の理由があるとして寄附金に該当しないと主張した。
　しかし、審判所は、「これら一連の行為は経済人の行為としては極めて不自然、不合理であり、両会社がいずれも納税者の支配する子会社であるためになし得たものと認められるところ、納税者の主張するJ社との関係からみても、

これらの行為をなす必要性は認められず，他に合理的な理由を見い出し得ない。」とし，これら債権の放棄は，税負担の軽減を図ることを意図した旧Ｇ社又は新Ｇ社に対する利益の供与にほかならないとして寄附金であると認定した。

相当の理由があるか否かの判断にあたっては，子会社等を整理することによって今後被るであろう大きな損失を回避することができる場合，または，子会社等を再建することによって残債権の弁済可能額が高まり，倒産した場合に比べ損失が軽減される場合もしくは支援者の信用が維持される場合などが考えられるとされている。

親会社が子会社等の整理・再建のために損失負担を行う場合には，「相当な理由」を立証できる疎明資料を備えなければならないことはいうまでもない。

納税者の主張

旧Ｇ社は，納税者から仕入れた鶏肉の販売を業とする会社で，Ｊ社を大口販売先としているところ，Ｊ社と取り交わしている商品売買取引基本契約書及びフランチャイズ契約書には，旧Ｇ社が債務超過など不健全経営の場合においては，取引停止となる旨が明確に規定されており，仮に，旧Ｇ社が債務超過の状態で推移した場合，Ｊ社から取引を停止されるおそれがあり，取引停止を受けると，納税者は，鶏肉販売の60パーセント以上を占める取引先を失うことになり，旧Ｇ社の存立はもとより，生産会社である納税者も倒産の危機に陥ることとなる。

これらの危機を回避するため，新たに，納税者が100パーセントの株式を保有する同一商号の子会社である新Ｇ社を設立し，対外的には表面上何も変わらないようにして旧Ｇ社に債務を負わせたまま新Ｇ社へ営業を譲渡したものである。

また，営業譲渡により，旧Ｇ社が債務のみを有する法人となったため，旧Ｇ社から債権を回収することは不可能と判断されたことから，納税者は，再建計画に基づいたものではないが，旧Ｇ社に対する売掛金128,644,994円

の債権放棄を行った。

　しかし，これは，債務超過に陥った旧G社の再建計画を立ててもそれを実行する時間的余裕はなく，仮に，再建計画を実行してもその途中でJ社から取引を停止されることも想定されたために行ったものであることから，子会社等の債権を放棄しなかったときに親会社等が，より大きな損失を蒙るためやむを得ず債権の放棄をしたときは寄附金の額に該当しない旨を定めた法人税基本通達9－4－1が適用できると判断し，売掛金相当額を関係会社整理損として損金の額に算入したものである。

　したがって，新G社の設立，営業譲渡，売掛金の放棄，旧G社の解散は，いずれもJ社との取引停止を免れるために行ったものである。

課税庁の主張

　契約書においては，債務超過の継続など不健全経営の場合における取引停止が明確に規定されているが，その取引停止についての具体的な行動等の事実がないことから，納税者の旧G社に対する売掛金の放棄は，取引停止の問題とは関係なく，あくまでも期待利益を守るための債権放棄であって，通達に定める今後蒙るより大きな損失には当たらない。

　子会社旧G社の解散は形式的に行われただけで，実質的には何も変わらないまま新G社が引き続き旧G社の営業を続けているものであると認められ，その債権の放棄が寄附金にならないために必要とされる子会社の消滅，又は親会社の支配下から離脱という事実がない。

　これらの理由から，納税者が有していた旧G社に対する売掛金の放棄は，通達の「法人がその子会社等の解散，経営権の譲渡等に伴い当該子会社等のために債権の放棄をした場合においても，その負担又は放棄をしなければ今後より大きな損失を蒙ることになることが社会通念上明らかであると認められるためやむを得ずその負担又は放棄するに至った等そのことについて相当の理由があると認められるとき」の定めに当たらず，同通達の適用はなく，法人税法37条《寄附金の損金不算入》に規定する寄附金に該当する。

また、融資金のうち、貸付金相当額2億円の旧G社への振替は、旧G社が全く営業活動を行っておらず、赤字法人であったにもかかわらず行われたものであることからすると、当初より回収の意思のない旧G社への寄附金であり、通達の適用はできない。

審判所の判断

①　法人がその有する債権を放棄し又は他人の債務を負担したような場合には、それは一般的には経済的な利益の無償の供与に当たることとなるから、これらの行為により生じた損失の額は、寄附金の額に該当するというべきであるが、法人がこれらの行為をした場合でも、それがたとえばその法人自体の経営危機を招くことを回避するためにやむを得ず行ったものであること等、そのことについて相当の理由があると認められるときは、その行為により生じた損失の額は、寄附金の額に該当しないものと解されるところ、納税者は売掛金及び貸付金を放棄したことについては、法人税基本通達9－4－1に定める相当の理由があるといえるから、これらの額は寄附金の額に該当しないと主張する。

②　しかし、納税者は100パーセントの株式を保有する同一商号の新子会社を設立し、対外的には表面上何ら変わらないようにして旧子会社に債務を負わせたまま営業を譲渡したものであるところから、売掛金の放棄は、旧子会社に実質的に負債のみを残す内容のものであること、その譲渡が行われなければ回収も不可能ではなかったと認められることなど、両会社がいずれも納税者の支配する子会社であるためになし得たものと認められる。

③　また、貸付金は、融資が行われた時点で既に旧子会社から融資金を回収することは困難であったと認められること、さらには、貸付けは旧子会社の解散後に行われており、納税者は当初から回収する意思はなかったと推認されることから、旧子会社の負担すべき損失を代わって負担することにより、旧子会社に対し経済的な利益の無償の供与をしたものであると認められることから、納税者が経済的な利益の無償の供与をしたことについては、同通達

に定める相当な理由があるとはいえず，いずれも寄附金の額に該当するというべきである。

(角田　敬子)

CASE 04 貸付金の貸倒損失及び有価証券の固定資産除却損の架空計上

(参考)
東京地方裁判所　H13.7.4 判決　TKC28102165／TAINS Z251-8940
東京高等裁判所　H13.12.25 判決　TKC28102240／TAINS Z251-9041

［争点］
貸付金及び有価証券の帰属の判断

　本事案は，貸付債権の存在が認められず貸倒損失が否認された事例である。

　納税者は不動産の売買及び仲介業を目的とする法人で，その代表者甲の事業の節税のために設立した会社である。

　納税者は，平成4年7月期において，昭和63年7月期に納税者の代表者甲及びその母G名義でB社に対して貸し付けた1億3,600万円を平成3年7月29日付けで放棄したとして，貸倒損失1億3,600万円を損金の額に算入して申告をした。さらに，平成5年7月期において，昭和63年7月期に有価証券として計上したB社の株式3,600万円をB社が倒産状態にあるとして，固定資産除却損3,600万円を損金の額に算入して申告をした。

　これに対して，課税庁は，上記貸付金の計上及びその貸付金に対する貸倒損失の計上は架空のものであるから，貸倒損失1億3,600万円を損金算入することはできないとした。また，上記有価証券は納税者の代表者である甲らに帰属するものであるから，固定資産除却損3,600万円を損金算入することはできないとして，法人税等の更正処分及び重加算税賦課決定処分を行った。

　裁判所は，貸付金及び有価証券の計上自体が架空であるとして，貸倒損失及び固定資産除却損はいずれも架空のものにすぎないとして納税者の請求を棄却した。

　多くの中小企業は，経営者自らが出資し，所有者と経営者が同一である。そ

のため，同族会社は「会社は自分のもの」という公私混同に陥りやすく，税負担を軽減させるなど恣意的な取引が行われやすい。本事案も節税の目的で設立した会社であることを認めており，税負担を軽減させる目的で行った取引であると思われる。

　この点について，裁判所は，「特定の権利義務が法的にみて納税者の代表者又はその親族ではなく納税者に帰属するというためには，相手方との行為主体の名義やそれに適合した帳簿処理など，少なくともそれに適合する法形式が採られていることが必要である」と判示している。

納税者の主張

　貸付金は，納税者を貸主として存在するものである。なぜなら，昭和60年9月30日付けの，納税者を貸主，B社を借主とする金銭消費貸借契約書が作成されている上，平成元年7月20日及び翌2年7月1日に納税者がB社に対して貸付金の支払いを求める催告を行っており，この貸付金が納税者を貸主として存在していることは明らかである。

　確かに，貸付金の原資は，納税者の代表者及びGが出捐しているが，納税者の代表者やGとB社との間で金銭消費貸借契約書等の作成はされていない上，納税者の代表者の母であるGが，特段の関係を有しないB社に対して，3,200万円という大金を，担保を全く取らない上，証書も作成せず無利子で貸し付けることは考えられず，Gが実子である納税者の代表者を信用して，同人個人に貸付けを行い，同人が自己の貸付分とともに納税者に貸し付けたものを，納税者が子会社であるB社に貸し付けたものとみるのが自然である。

　納税者はその代表者が経営権を有する会社であって，税務処理の観点から納税者の代表者に有利な形式での経理処理を採るのが当然であって，形式上明確な証書が作成されていない以上，納税者の代表者個人が納税者に金銭を貸し付け，納税者がB社に金銭を貸し付けたと見るのが合理的である。

　B社株式について，便宜上の名義人であった納税者の代表者が，昭和61

年に訴外Ｃ社との間で譲渡契約を締結したが，同契約に基づく売買代金がＣ社から支払われなかったことから，代金の支払いを求める訴訟の中で，現状復帰（契約の締結がなかった状態への復帰）することを内容とする和解が昭和63年にされており，Ｃ社から納税者に有価証券が復帰したものである。したがって，有価証券は，昭和63年の時点でも依然として納税者に帰属したものといえ，有価証券を経理書類に計上した行為は架空のものとはいえないし，それを前提にした固定資産除却損の損金算入も正当なものである。

課税庁の主張

　Ｂ社の法人税の確定申告書に添付された附属明細書並びに借入金及び支払利息の内訳書によれば，Ｂ社には納税者の代表者甲及びＧからの借入金があることは認められるものの，納税者からの借入金は一切存在しない。

　納税者の代表者甲がＣ社との間で締結した昭和61年５月30日付けのＢ社の株式並びに経営権譲渡契約からも，同社に貸付債権を有していたのは納税者の代表者甲とＧであると認められる。

　Ｂ社の定款，Ｂ社が提出した法人税の確定申告書別表二「同族会社の判定に関する明細書」，経営譲渡契約の契約書，Ｂ社の昭和61年５月30日付け取締役会議事録及び経営譲渡契約に伴って作成された有価証券取引書には，経営譲渡契約の締結前後において，納税者が同社の株主となっているとの記載はなく，むしろ，有価証券は，納税者の代表者らに帰属するものとの記載があるから，納税者が有価証券を貸借対照表に計上した昭和63年７月期末の時点で，有価証券は納税者に帰属していなかったものといえる。

裁判所の判断

①　納税者は，その代表者が自己の事業の節税のために設立した会社であり，納税者の代表者は，その尋問においてもこのことを公言しているのであるから，納税者の有する権利義務は法的にはともかくとして少なくとも経済的実質においては納税者の代表者に帰属するものといっても過言ではない。

② このような両者の関係からすると，特定の権利義務が法的にみて納税者の代表者又はその親族ではなく納税者に帰属するというためには，少なくともそれに適合する法形式，たとえば，相手方との間における行為主体の名義やそれに適合した帳簿処理などが採られていることが必要であって，そのような形式を備えておらず，かえって納税者の代表者やその親族が権利義務の主体としての法形式が採られている場合には，特段の事情がない限り，納税者の代表者らが名実ともに権利義務の主体であると認められる。

③ 納税者自らが貸主であると主張するＢ社に対する貸付金は，当初から納税者の代表者及びＧが貸主として取り扱われていて，他にこの形式を覆すに足りる事実や証拠はないから，同貸付金の貸主は納税者ではなく，名実ともに納税者の代表者及びＧであると認めるべきである。

④ また，同貸付金については，納税者の代表者が昭和61年５月30日付けでＢ社の新たな経営者に対して放棄の意思表示をしておりその時点で消滅している。

⑤ Ｂ社の設立から譲渡契約が締結されるまでの間，終始一貫して株主は，納税者の代表者，Ｇ及びＨとして取り扱われたものであり，現実の出資も少なくとも同人ら名義によってなされたことが推認され，他にこれを覆すに足りる証拠はないから，Ｂ社の設立当時からの株主は納税者ではなく，名実ともに納税者の代表者ら３名であると認められ，納税者が昭和58年の設立当時から有価証券を有していたことはないと認められる。

⑥ また，本件有価証券については，昭和61年５月30日にＣ社に対して譲渡がされているのであるから，その時期以降，納税者が有価証券を有しているとも認められず，昭和63年の和解も納税者が主張するような現状復帰することを内容とはしていない。いずれにしても，有価証券の計上とその損金算入は架空のものといわざるを得ない。

（角田　敬子）

CASE 05 任意団体である遺跡調査会に対する工事請負代金

(参考)
横浜地方裁判所　H17.5.18判決　TKC25420177／TAINS Z255-10032
東京高等裁判所　H17.10.26判決　TKC25420308／TAINS Z255-10176

[争点]

　当該事業年度において，未収入金である請負代金等について，これを貸倒損失として計上することができるかどうか

　納税者は，土木・建築工事の請負及び設計・管理並びにこれに附帯する一切の業務を目的とし，遺跡の調査，発掘を主たる事業の一つとする株式会社である。本事案における課税処分は，納税者が任意団体である「A遺跡調査会」から請け負った遺跡の発掘工事及び現場倉庫の設置工事に係る請負代金等として約8,608万円の売上が存在していたにもかかわらず，これを法人税に係る所得金額及び消費税に係る課税標準額の計算上，計上していなかったことを理由とするものであった。

　納税者は，平成11年10月18日，B市及び同市の職員であった乙を被告として，損害賠償請求訴訟を地方裁判所に提起した。この別件訴訟は，納税者がB市から埋蔵文化財の発掘調査の委託を受けたA遺跡調査会からC公園予定地内の埋蔵文化財の発掘工事を請け負い，平成3年10月ころから平成6年4月ころまでに同工事を完成させ，また，平成3年9月ころから平成9年3月まで，A遺跡調査会に対し，発掘調査のための仮設現場事務所等を賃貸し，かつ，そのために必要な雑工事をしたが，請負代金等の一部しか支払われなかったところ，A遺跡調査会の経理担当者であり，かつ，B市の職員でもあった乙から，B市の予算が減額執行された等と虚偽の事実を告げられたため，請負代金等の未払分の請求ができずにいたところ，その後，A遺跡調査会が解散してしまい，

同調査会に対して事実上未払請負代金等の支払いを請求できなくなったなどと主張して，乙に対しては，不法行為に基づく損害賠償として，Ｂ市に対しては，主位的に，第１次的には，使用者責任に基づく損害賠償として，第２次的には，国家賠償法に基づく損害賠償として，連帯して請負残代金等相当額３億4,874万3,107円の賠償金の支払いを求め，さらに，Ｂ市に対しては，予備的に，Ｂ市がＡ遺跡調査会と原告との間の請負契約に係る注文者の地位を承継したなどと主張して，請負残代金等の支払いを求めた内容であった。

　地方裁判所は，平成16年６月９日，乙に対する不法行為に基づく損害賠償請求については，発掘工事請負残代金相当額及び上記仮設現場事務所の賃貸料残金相当額等約３億1,169万円の範囲でこれを認容し，Ｂ市に対する請求については，主位的請求である使用者責任に基づく損害賠償請求につき，その一部である約2,384万円の範囲でこれを認容する判決を言い渡した。この訴訟は，本事案に係る判決時には高等裁判所に係属中である。

納税者の主張

　当該事業年度におけるＡ遺跡調査会に対する請負代金等の未回収分については，当該事業年度中において既にその回収が不可能であることが明白であったので，未収入金の全額について貸倒れが認められ，これを損金として計上すべきものであった。そうすると，当該事業年度において，請負代金等の未回収分を売上（未収入金）として計上しても，同時に，その未収入金を損金（貸倒損失）として計上することになるから，結局，所得金額の算定上，差引きゼロとなる。したがって，課税処分は，税額を過大に認定したものとして違法である。

　別件訴訟判決が確定した時点を含む事業年度において，認容された損害賠償請求権の相当額を収益に計上すべきであり，それがその事業年度における課税の対象となる，というのが課税庁の考え方である。すなわち，別件訴訟判決の認定よりすれば，平成５年４月ころには，既に本Ａ遺跡調査会に対す

る請負代金等は，経理担当者である乙により「本件発掘調査の予算では本件工事代金等の支払いは難しい。」とされ，他の発掘工事である「D地区の工事区画整理事業の仕事に納税者を参入させ，その代金に今回の未払い金を上乗せして支払う。」という話であったから，請負代金等については，平成5年4月の時点ではもはや回収不能であることは明らかであったのである。そして，不法行為に基づく損害賠償請求権が確定した時点で，これを所得として課税処分をすべきであったのである。そうでなければ，一方で，未収入金に対する課税がされ，会社は税金を支払えないからこれにより倒産する，他方で，別な時点で貸倒れの損失を計上して税金の還付を受ける，というきわめて不当な結果となってしまう。

企業会計原則，税務理論からも上記請負代金等の貸倒損失の計上を認めるべきである。すなわち，貸倒損失は損金経理が要件であるが，課税庁は，貸倒損失の処理をしていない。それは，請負代金等について未収入金の計上をしていないので，損金経理をすることが不可能であったからである。したがって，請負代金等に係る未回収分を収益（未収入金）に計上する以上は，同時に，貸倒損失として，損金にも計上すべきである。

課税庁の主張

法人税基本通達9－6－2（昭和55年12月25日直法2－15）は，「法人の有する貸金等につき，その債務者の資産状況，支払能力等からみてその全額が回収できないことが明らかになった場合には，その明らかになった事業年度において貸倒れとして損金経理することができる。この場合において，当該貸金等について担保物があるときは，その担保物を処分した後でなければ貸倒れとして損金経理をすることはできないものとする。」と定めている。

金銭債権は，当該債権のうち経済的に無価値となった部分の金額は確定的に捕捉することが困難であり，法人税法上は，金銭債権については，評価減を認めないことが原則とされている（法人税法33条2項）ことから，不良債権を貸倒れであるとして資産勘定から直接に損失勘定に振り替える直接償

却をするためには，全額が回収不能である場合でなければならず，また，貸倒れによる損金算入の時期を人為的に操作し，課税負担を免れるといった利益操作の具に用いられる余地を防ぐためにも，全額回収不能の事実が債務者の資産状況や支払能力等から客観的に認知し得た時点の事業年度において損金の額に算入すべきものとすることが，一般に公正妥当と認められる会計処理の基準に適合すると考えられることに基づいている。

　事実上の回収不能によって税務上貸倒損失が認められる場合とは，債務者の資産状況，支払能力，債権者の回収努力の有無，担保の設定状況等，諸般の事情を総合的に勘案し，その全額が回収できないことが客観的に確定した場合でなければならず，具体的には，強制執行，破産手続，会社更生，整理といった回収不能を推定し得る法律的措置が採られた場合及びこれに準じるような場合，すなわち債務者の死亡や所在不明又は事業閉鎖というような回収不能の事実が不可逆的で，一義的に明白な場合に限られる。

　平成14年法律第44号による改正前の商法285条の4第2項（現在は商法施行規則56条）は，取立不能に備えて貸倒引当金を計上すべきことを要求しているが，この規定によると，貸倒損失は取立不能が現実化した場合に初めて計上することが許されるのである。そして，法人税法33条2項においては債権の評価減が認められていないのであるから，これら商法及び法人税法の規定に照らせば，貸倒損失は債権全額について取立不能に至ったことが客観的に認められる場合に限るとする上記通達の解釈は正当なものとして是認し得る。

　別件訴訟判決において認定された事実関係等に基づいて検討すると，当該事業年度において，納税者のA遺跡調査会に対する請負代金等が全額回収不能であったとは到底認められない。すなわち，A遺跡調査会は，C公園設置のための遺跡調査のみを行う団体であって，大部分をB市の職員で構成しており，公的機関に準ずるというべき組織であったこと，A遺跡調査会の行う遺跡調査の経費は，すべてB市の予算から賄われ，B市との間の業務委託契約に基づき，B市から委託金の支払いを受けていたこと，A遺跡調査会は，

発掘工事の整理を終える平成9年3月末まで存在していたものであり，課税庁自身も，A遺跡調査会から発掘工事の請負代金等の支払いを受けられるものと考え，現に，平成9年3月までA遺跡調査会との取引を継続していたのである。したがって，当該事業年度末である平成6年9月末の時点において，上記の請負代金等が全額回収不能であったとは到底認められず，同請負代金等に係る未収入金について，本件事業年度における貸倒損失として損金に計上できないことは明らかである。

裁判所の判断

① 金銭債権について，その回収が事実上不能であるとして，税務上これを貸倒損失として損金経理することが認められるためには，債務者の営業状況，資産状況，支払能力等，諸般の事情を総合的に考察して，回収が不能であることが客観的にみて明らかであることを要するものであることはいうまでもない（課税庁の主張も，貸倒損失計上のための要件については，これと同趣旨の理解を前提としているものと解される）。

② 課税庁の当該事業年度におけるA遺跡調査会に対する請負代金等の未回収分が，当該事業年度中において既に，回収が不能であることが客観的にみて明らかであったと認められるかどうかについて検討すると，全証拠によっても，当該事業年度中において，課税庁の当該事業年度におけるA遺跡調査会に対する請負代金等の未回収分が回収不能であったと認めることはできないというほかはない。

③ 証拠及び弁論の全趣旨によれば，A遺跡調査会は，B市が，市内に公園を建設，設置するために，埋蔵文化財の発掘調査を行うことを目的として発足させた任意団体であって，B市においては，この埋蔵文化財の発掘調査業務をA遺跡調査会に委託するという形式をとって必要な調査を行ったものであること，このようなことから，A遺跡調査会は，形式的にはB市とは別個の団体であったものの，その事務局はB市の教育委員会内に置かれ，同調査会の会長はB市の教育委員会文化部長が務めるなど，A遺跡調査会は，物的

にも，人的にもＢ市と密接な関係を有する組織であったこと，また，Ａ遺跡調査会が行う埋蔵文化財の発掘調査業務に必要な経費は，すべてＢ市において予算措置が講じられ，Ｂ市は，Ａ遺跡調査会との間で締結する業務委託契約に基づき，契約代金としてＡ遺跡調査会に支払っていたこと，納税者の当該事業年度におけるＡ遺跡調査会に対する請負代金等の支払いに関わる，平成５年４月１日から平成６年３月31日までの間のＢ市のＡ遺跡調査会に対する業務委託に係る契約金額として１億8,400万円が取り決められ，Ｂ市からＡ遺跡調査会に支払われているところ，そのうちの相当部分は，Ａ遺跡調査会が納税者に請け負わせ，納税者が行った発掘工事代金に充てられるべき「委託料」として積算，計上されていること，また，同様に，平成６年４月１日から平成７年３月31日までの間のＢ市のＡ遺跡調査会に対する業務委託契約に係る契約金額として6,000万円が取り決められ，Ｂ市からＡ遺跡調査会に支払われていること，Ａ遺跡調査会は，発掘調査の整理作業を終える平成９年３月まで存続していたこと，納税者は，平成６年４月ころまでに上記発掘工事を終えたが，その後も，平成９年３月まで，Ａ遺跡調査会に対し，仮設現場事務所建物を賃貸し，賃貸料の支払いを受けていたこと，等の事実が認められるのであって，これらの事実によれば，債務者であるＡ遺跡調査会の業務執行状況，財務状況等，諸般の事情を総合的に考察して，当該事業年度の終期である平成６年９月末の時点において既に，請負代金等の回収が不能であることが客観的にみて明らかであったとは到底認めることができないのであり，他にこれを認めるに足りる的確な証拠はない。

④　納税者は，Ａ遺跡調査会の経理担当者であった乙の納税者に対する言動を請負代金等が回収不能であることが明らかであったとする主張の根拠とするが，乙のそのような言動は，上記のようなＡ遺跡調査会の業務執行状況や財務状況等に照らし，納税者に対する支払いを先延ばしにしようとする欺罔的な言動にすぎないことは明らかであるから，納税者主張のような乙の言動をもって，当該事業年度の終期である平成６年９月末の時点において既に，請負代金等についてＡ遺跡調査会からの回収が不能であることが客観的にみ

て明らかであったものと認めることはできないところである。

⑤　したがって，納税者の当該事業年度におけるA遺跡調査会に対する請負代金等の未回収分について，当該事業年度における貸倒損失として計上し，損金経理することはできないものというほかはなく，納税者の主張は，理由がない。

(林　仲宣)

CASE 06 実際には存在しない債権とされた貸倒処理の是非

(参考)
国税不服審判所　H24.10.16裁決　TKC26012628／TAINS J89-2-08

[争点]

法人代表者の貸金契約を法人取引として行った貸倒処理を仮装した場合に該当するとして行われた重加算税賦課決定処分の適否

　税務では、課税庁に対する証明又は疎明の資料として、裁判所の発行する書面を利用することがある。判決文や和解調書など、課税庁を説得する手段として評価する向きもある。確かに、貸倒損失の分野でも、税務の取扱いでは、会社更生法、金融機関等の更生手続の特例等に関する法律、会社法、民事再生法の規定により切り捨てられる金額は、貸倒損失として損金に算入できることになっている（法人税基本通達９－６－１）。このように裁判所の判断など法的手続の効果は否定しないが、その対象は、税法が適用できる事実に基づくものであることはいうまでもない。

　本事案は、納税者が、仮払金としていた額を法人に対する貸金債権であるとし、貸倒償却勘定に計上し、損金の額に算入していたことについて、課税庁が仮払金について納税者に金銭の貸付けを行った事実がないにも関わらず貸倒償却勘定に計上したことは、帳簿書類に取引の一部を仮装して記載したものであるなどとして、法人税の青色申告の承認の取消処分及び更正処分等を行った事案である。

　本事案における認定事実はおおむね次のようなものである。

　納税者の代表者であるＦは、平成17年８月19日、納税者の事務所において、知人であるＫとの間で、Ｆを貸主、Ｋを借主、Ｋの知人であるＬを連帯保証人

とし，貸金の額を3,500万円，返済期限を同年11月20日とする消費貸借契約を締結し，内金として1,000万円を交付する一方で，K及びLが署名押印した同年8月19日付の「金銭借用証書」と題する書面を受領した。

その後，Fは，Kから残金2,500万円の送金先として，Lが代表取締役であるM社名義の銀行口座を指定されたことから，平成17年8月24日，納税者の経理担当者は納税者名義の預金口座からM社の銀行口座に送金した。

Fは，貸金債権が返済期限を過ぎても返済されなかったことから，地方裁判所に対し，平成18年3月付で，Fを原告，K及びLを被告とし，返済を求める訴訟を提起したところ，同裁判所は，平成18年5月，Fの請求の全部を認容する判決を言い渡し，平成18年5月末頃に確定した。

Fの代理人弁護士は，Kに対し，平成19年12月26日付で，判決を受け，Fに対し，平成19年4月から分割で返済する旨の返済計画を提出しているが，当該返済計画は全く実行されていないから，かねてより伝えているとおり，Fは，来年早々にも，Kについて破産の申立てをする旨を記載した「ご連絡」と題する書面を送付した。

Fの代理人弁護士は，地方裁判所に対し，平成20年2月，Fを債権者，Kを債務者とする破産手続開始の申立てをしたところ，同裁判所は，同年4月に，Kを破産者とする破産手続を開始する決定をし，同年8月，破産手続の廃止の決定をした。

納税者は，平成17年8月24日付で送金した2,500万円について，取引先をM社，取引内容を「仮払内容不確定分」として仮払金勘定に計上した。また納税者は，平成20年2月1日付で，内金として交付した1,000万円に関し，取引先を「F」，取引内容を「現金不足のため，会社へ融通した8／24分」，相手勘定を役員借入金として，1,000万円の現金勘定を増加させ，また，同日付で，取引先をM社，取引内容を「仮払8／24分」として，同額を現金勘定から減少させるとともに，同額を仮払金勘定に計上していた。

納税者は，平成20年3月31日付で，仮払金の合計3,500万円について，取引先をM社，取引内容を「相手先個人破産のため償却」として，全額を平成

20年3月期の貸倒償却勘定に計上し，損金の額に算入した。

課税庁の主張

　納税者が貸倒れとした3,500万円の仮払金は，FとKとの間で締結された消費貸借契約に基づいて支出されたものであり，また，納税者がM社に対して同額の金銭を貸し付けた事実は存しない。

　さらに，Fは，貸金債権がFに帰属するものとして債権の回収行為を行っているから，遅くとも仮払金に係る経理処理を行ったときには債権が納税者に帰属しないことを認識していたものと認められる。

　したがって，仮払金に係る経理処理は，納税者が故意に虚偽の取引内容を帳簿書類に記載したものであり，これは，法人税法127条1項3号に規定する帳簿書類に取引の一部を仮装して記載した場合に該当する。

納税者の主張

　納税者が貸倒れとした3,500万円の仮払金は，消費貸借契約を合意解約した後，新たに納税者とM社との間で締結された金銭消費貸借契約に基づいて支出されたものであるから，仮払金に係る経理処理は，事実に即したものであり，虚偽の取引内容を帳簿書類に記載したものではない。仮に，貸金債権がFに帰属するものであるとしても，納税者は，貸金債権が納税者に帰属するものと誤信して仮払金に係る経理処理を行ったものであり，故意に虚偽の取引内容を帳簿書類に記載したものではない。

審判所の判断

① 納税者は，債権は，消費貸借契約を合意解約した後，新たに納税者とM社との間において締結された法人間契約に基づくものである旨主張する。
② しかしながら，貸金返済訴訟の提起からKの破産手続の廃止までの一連の債権の回収行為は，一貫して，F又は同人の代理人弁護士が原告又は申立

人等となって行っており，納税者が行っている事実は認められないこと，また，貸金返済訴訟判決において，地方裁判所は，FがKに対して貸金債権を貸し付けた事実を認めており，Kも，同人が借り入れた債務の額の主張は異なるものの，Fからの借入れである事実を認めていること，さらに，Kは，貸金債権に関し，3回にわたって合計15万円をF名義の普通預金口座に送金したことに加え，当審判所の調査の結果によれば，〔1〕消費貸借契約が合意解約され，新たに納税者とM社との間における法人間の契約が締結されたことを裏付ける証拠は認められないこと，〔2〕M社が債務者であり，返済が滞っているのであれば，送金の日を含むM社の平成16年9月1日から平成17年8月31日までの事業年度の貸借対照表において借入金等の負債科目に貸金債権の額3,500万円又は送金の額2,500万円の記載があるのが通常であるが，当該記載は認められないこと，〔3〕KがF名義の普通預金口座に送金した上記15万円について，納税者が何らかの経理処理を行った事実は認められないこと，〔4〕納税者がM社に対し，納税者が主張する法人間の契約に基づき貸金債権に係る督促，訴訟等をした事実は認められないことを併せ考慮すると，消費貸借契約が合意解約され納税者とM社との間で新たに消費貸借契約が締結された事実はなく，貸金債権は，消費貸借契約，すなわちFとKとの間において締結された契約に基づきFに帰属するものであると認めるのが相当である。

③　納税者の代表取締役であり納税者の発行済株式の総数の3分の2を有するFは，貸金債権が同人に帰属するものであることを認識しながら，貸金債権が返済されない場合に，法人間の貸付けであれば納税者の貸倒損失として損金算入できることから，平成17年8月19日にFが行ったKに対する1,000万円の貸付けを納税者が行った取引とするために，納税者の経理担当者に指示して，納税者において現金の入出金という事実が存在しないにも関わらず，平成20年2月1日に仮払金の経理処理を行わせるとともに，M社に対して納税者には実際に存在しない債権について，その貸倒れが生じたとする貸倒処理を行わせたものであると認められるところ，このことは，納税者が存在

しない取引をあたかも存在するかのように装い，故意に事実をわい曲して，各事業年度の課税標準等又は税額等の計算の基礎となるべき事実の一部を仮装したものというべきであり，更正処分は適法であるところ，納税者は，当該仮装の行為に基づき過少に計算した所得金額を記載した確定申告書を提出しているのであるから，国税通則法68条1項に規定する重加算税の賦課要件を満たしており，重加算税賦課決定処分は，いずれも適法である。

(林　仲宣)

CASE 07 貸付金及び貸倒損失の経費性

(参考)
大阪地方裁判所　S62.12.15判決　TKC22004338
大阪高等裁判所　H元.3.3判決　TKC22004337

[争点]

法人代表者による貸付金及び貸倒損失は法人の営業において必要か

　本事案は，納税者に対する所得税及び納税者が経営する法人に対する法人税のそれぞれ脱税事案であり，刑事事件である。納税者らが主張する貸付相手が，暴力団関係者であることが課税庁及び裁判所の判断に影響を及ぼしているかは興味深い。反社会団体の構成員に係る支出を容認することで，同種の団体の存在及び存続，いわば社会性をも容認すると非難される背景があるかもしれない。結果として，暴力団への兵糧攻めとして評価されることが社会の趨勢と感じる。

納税者の主張

　納税者が法人の所得額の計算において，Mに貸付金名下に金4,500万円を出金しているが，これは納税者及び納税者の会社の経営する各ラブホテルで生起する客との紛争解決をやくざであるMに依頼していたところ，同人から金員借用の申込を受け，やむなく金員を出金したものであり，これは営業上受けた利益に対する報酬であるとともに，同人から嫌がらせを受けないで営業をするための予防的出費であるから，営業上必要な出金である。

　したがって，被告人が金額を各支出した段階で法人税法上の損金，所得税法上の必要経費あるいはMの返済意思，能力がないことと納税者が弁済を受けることを諦めた時点で貸倒損失として認定すべきである。

裁判所の判断

① 納税者は昭和53，4年ころクラブの客同士としてMと知り合って以降交友関係にあったが，同人が暴力団関係者であったことから，自己経営のホテルで客とのトラブルが生じた際に，同人にホテルに出向いてもらって解決を依頼し，その都度，車代と称して1回につき5万円から10万円の礼金を渡したことが，昭和56年に3回位，同57年に2，3回あり，また同58年夏ころまでにMに電話に出てもらって解決をはかったこともあったが，それ以降はそのようなこともなくなっていたこと，このような同人との交際の中で，昭和56年8月ころMから金員借用の申込があったので，納税者はその費途につき特に質すことなく，同人に金1,000万円を貸与し（返済期日は同年12月であったが，返済の督促をしていない），続いて同57年6月に金1,000万円，同58年8月に金2,000万円，同59年春ころ金500万円と合計金4,500万円の金員を貸与したこと，Mは2回目以降の貸付けに際して前回分までの返済遅延を詫びつつも新たな借金申し入れをし，被告人においても，殊更前回分までの返済要求もせず，申し出のままに（ただし，右4回目については，1,000万円の借用申出金額に対し500万円に限り応じた）前記各金員の貸付をしたこと，Mは右各金員の借用の際にはいずれも借用書を差し入れ，そのうち3件分につき，昭和60年5月から7月頃約束手形3枚（額面1,000万円，2,000万円，500万円，支払期日昭和60年12月25日，同61年3月10日，同年5月20日）と交換し，又納税者はMからの返済延期の申入れがあることをもって，同人の返済意思の存在を確信し，以上の貸付けについてはいずれも担保を取ることもなく，これまで手形を取立てに付して督促する等の手段もとっていないことが認められる。

② 納税者がMにその都度紛争解決をしてもらった際に車代と称する金員を与えたのとは別個に，各貸付けを行ったのは，Mとの繋がりが自己のホテル経営に何らかの形で裨益し，爾後もその関係継続を望むという動機によるものであることを窺知し得ないわけではないが，各貸付金の目的，費途に無関心であること，債権確保の方法を講じていないこと，督促にも無頓着である

こと等の状況に照らすと，このような貸付は納税者及び納税者の会社の各営業に直接関係があるものとは認められず，納税者とMとの私的な交際による貸付と認めるのが相当である。

③　納税者の供述では，Mとの私的な交際から生じた貸付金であり，自己及び納税者の会社の事業とは関係ない旨認めながら，公判廷ではこれと異なり，所論に添う供述をしているが，納税者の大蔵事務官に対する昭和61年3月19日付質問てん末書中では貸付金を事実上の貸付けである旨主張しながら，同人の検察官に対する供述調書や大蔵事務官に対する昭和61年4月9日付質問てん末書中では理由を示してそれまでの供述を訂正しているところ，再度，公判廷で所論に添う形で供述を変えた理由につき，当審では，執拗な調べに対してなげやりになったため等と述べるのみで他に特別な理由は述べていないのであって，さきに認定した客観的状況に照らし措信しがたい。

④　以上のとおり，Mに対する金4,500万円の貸付けは，納税者の会社について法人税法上の損金，納税者について所得税法上の必要経費ないしは貸倒損失と認めることはできない。

（林　仲宣）

CASE 08　同族会社の元代表者に対する貸付金等の回収可能性

（参考）
東京地方裁判所　H25.10.3判決　TKC25515308／TAINS Z888-1793

[争点]

　貸付金等を貸倒損失として損金算入するためには，全額が客観的に回収不能であることを要するか否か

　納税者は，製品の製造販売を目的とした株式会社（資本金1億円以下）である。乙は，長年に渡り納税者の代表取締役であったが平成19年2月代表取締役を辞任した。乙の長男である甲は，平成18年1月に納税者の代表取締役に就任した。B社は，乙の妻である丙が代表取締役，甲及び甲の姉である丁が取締役を務めている。納税者と乙との間には，短期貸付金が8,833万2,091円，未収入金が1億2,497万2,415円，長期貸付金が1億7,311万9,730円ある。納税者は，これら貸付金等について乙に対して訴訟等により返済を求めたが回収することができなかった。そこで，納税者は，平成19年12月1日から平成20年11月30日までの事業年度の法人税について，乙に対する貸付金等について貸倒損失として3億8,642万4,236円を計上した上で，所得金額を230万1,561円，納付すべき税額を47万500円とする確定申告を行った。課税庁は，貸倒損失の計上を否認し，所得金額を3億8,872万5,797円，納付すべき税額を1億1,594万1,800円とする更正処分を行い，過少申告加算税の賦課決定処分を行ったため，納税者が，その取消しを求めている事案である（なお本事案では，代位弁済の成立の可否等について争点となっているが，検討していない）。

　判決では，いわゆる「興銀事件」（最高裁平成16年12月24日第二小法廷判決）を引用し，金銭債権の全額が客観的に回収不能であるか否かの判断基準を

示している。「興銀事件」判決は，その事案の特殊性から判決において示された基準について判例としての評価が分かれるところであった。しかし，本事案において裁判所は，「興銀事件」判決で示された「社会通念に従って総合的に判断」するために丁寧な事実認定を行い，紋切型な課税庁の主張を否定し納税者の主張をほぼ認容している点が大いに注目される。すなわち，公正性を担保するためには，課税庁による事実認定に恣意性が入ることを排除し，それぞれの具体的な事情を明確化し，一つ一つの事実について「社会通念」に即して判断を行うことにより初めて認定の確実性を高めることが可能となる。

納税者の主張

　各株式は譲渡制限株式であるため，各株式を取得しようとする者は，納税者又は甲らしかいない。そして，甲らは乙から有償で各株式を譲り受けることを検討したが，代金を用意することができずに断念した。また，納税者が自己株式として有償取得することについても，乙に発生する配当所得に係る税負担及び納税者に発生する源泉所得税を手当てする見通しが立たなかったために実現できなかったものである。このような状況において，より少ない資金で，円滑な事業継続を図るために株式を譲渡する方法を検討した結果，甲らに各株式を贈与することとなったのであり，株式贈与及びこれに対する納税者の取締役会の承認は，何ら不自然な行為ではない。

　納税者は同族会社ではあるものの，乙は甲に納税者の経営権（株式及び代表取締役の地位等の意味で用いる）を譲渡するまでの間，納税者の実権を握り，甲の発言を全く聞かずに何事も自己の判断で決めてしまう状況にあった。乙は，株式贈与によって納税者の経営権を甲に譲渡した後も，乙及び丙は甲の話を全く聞かず，家族間で貸付金等の返済について協議するような状況ではなかった。また，乙は，平成20年3月末に納税者及びB社を退職し，その後は年金収入（平成20年は250万8,396円）しかなかったところ，年金収入は差押えの対象とはならない。また，丙は乙とは別人格であり，丙の収入

や財産を差し押さえることはできないから、丙に収入があることをもって貸付金等が回収可能であるということはできない。

課税庁の主張

　納税者は、平成19年5月15日時点において、乙に対して1億8,818万5,187円の債権を有していたところ、納税者の臨時株主総会で同日に支給が決議された乙に対する退職慰労金から所得税等を控除した残額である1億2,836万8,500円と相殺しても5,981万6,687円の債権が残ることになる。このような状況において、乙は、納税者及びB社の各取締役会の承認の下、譲渡制限株式である各株式（財産の価額は合計8,351万4,000円）を甲らに対して贈与した。このように、納税者は、乙の株式贈与を容認していた上、株式贈与について詐害行為取消権を行使して取消しを求めることもしておらず、真摯な債権回収の努力をしていなかった。

　乙の平成20年の収入は460万8,396円であり、乙が納税者を退職した後の収入は公的年金（平成20年で250万8,396円）のみであると考えられる。しかし、乙は丙と同居し、丙は平成20年において、納税者及びB社から合計840万円の収入があったのであるから、夫婦として生活するには十分な収入があったということができる。このような状況であれば、同族会社である納税者においては、家族間で協議するなどして、乙に公的年金収入を原資とした合理的な返済計画を立てて分割返済をさせれば、事業年度末日において貸付金等を一部でも回収できたということができ、貸付金等の全額が回収不能であったとはいえない。

裁判所の判断

①　法人の各事業年度の所得の金額の計算において、金銭債権の貸倒損失を法人税法22条3項3号にいう「当該事業年度の損失の額」として当該事業年度の損金の額に算入するためには、当該金銭債権の全額が回収不能であることを要すると解される。そして、その全額が回収不能であることは客観的

に明らかでなければならないが，そのことは，債務者の資産状況，支払能力等の債務者側の事情のみならず，債権回収に必要な労力，債権額と取立費用との比較衡量，債権回収を強行することによって生ずる他の債権者とのあつれきなどによる経営的損失等といった債権者側の事情，経済的環境等も踏まえ，社会通念に従って総合的に判断されるべきものである（最高裁平成14年《行ヒ》第147号同16年12月24日第二小法廷判決・民集58巻9号1637頁参照）。

② また，乙が平成20年3月31日に納税者及びB社を退職した後について，乙は公的年金の支給を受けているけれども，公的年金は差し押さえることができず（国民年金法24条，厚生年金保険法41条1項），公的年金からの回収は乙の任意の協力を得て行う以外に方法がない。そうすると，公的年金については，債務者において，任意に弁済を行わない場合には差押えを受けるという心理的圧力が微弱であるということができるし，甲は乙に対して貸付金等の返済を求めたものの，乙はこれに取り合わなかったことを考慮すると，納税者において，乙の公的年金を原資として貸付金等の回収をすることは事実上困難というほかない。加えて，乙の年金収入は1か月当たり約21万円であることがうかがわれるところ，かかる金額は貸付金等の金額（3億7,872万4,236円）との比較において甚だ僅少と言わざるを得ない（仮に，公的年金の全額を貸付金等の返済に充てたとしても，全額の返済には150年以上かかることとなる）から，仮に乙の年金収入を原資とした貸付金等の一部の回収が実現できたとしても，返済としての実効性は極めて弱いといわざるを得ない。以上の事情を考慮すると，乙に公的年金による収入が存在することをもって，貸付金等の回収可能性が存在するということはできないし，納税者が家族間の協議等によって，公的年金を原資として乙から貸付金等を継続的に回収することなどしていないとしても，これをもって納税者が債権回収の努力をあえて放棄していると言うこともできない。

③ 平成18年10月頃以降，納税者及びB社においては，乙から甲らに対して経営権を譲渡することが課題となっていたことが認められる。そして，納

税者及びB社の株式は会社法2条17号が規定する譲渡制限株式であること，納税者は法人税法2条1項10号が規定する同族会社に当たることは争いがなく，納税者は主に親族によって経営される非公開会社であると言うことができるところ，このような性質を有する納税者においては，乙から甲らに対する納税者の経営権の円滑な譲渡を意図することは社会的にも相応の合理性を有するということができる。そして，甲らは，甲らが各株式を乙から有償で取得することを検討したものの，甲らは各株式の合計評価額である8,351万4,000円を捻出することはできなかったため，これを断念し，贈与税は発生するもののより少ない負担で各株式を譲渡できる方法として，株式贈与を選択したと認められるところ，かかる選択は格別不自然とは言い難いから，株式贈与及び承認決議をもって，納税者があえて貸付金等の回収を放棄したとは言うことができない。

④ 以上のとおりであるところ，認定事実のとおり，乙は，事業年度末である平成20年11月30日時点において，貸付金等の返済に供せる程の資産を有していなかったことが認められるから，同日時点において，貸付金等の全額が回収不能となっていたことが認められる。以上によれば，納税者は，事業年度において，貸付金等（3億7,872万4,236円）を損金計上することができる。

（竹内　進）

CASE 09 保証債務の代位弁済と貸倒損失

(参考)
国税不服審判所　H16.3.17裁決　TKC26100149／TAINS F0-2-235

[争点]

保証債務を履行するために支払った金額は，貸倒損失として損金の額に算入することができるか否か

納税者は，貸金の債務の保証を主たる目的として設立された同族会社であり，融資会社との間において信用保証契約を締結していた。納税者が保証債務を履行するために融資会社に対し支払った金額について，保証預り金勘定を減額して経理処理をしているが，貸倒損失として，法人税法2条1項26号に規定する損金経理により損金の額に算入していない。

また，融資会社に保証債務の履行を行い，それによって取得した債務者に対する求償権のうち，法人税基本通達9－6－1に定める法的に消滅した引受け債権の明細及び切り捨てられることとなった部分の金額を証する証拠資料を審判所に提出していない上，求償権のうち，基本通達9－6－2に定める回収不能の金銭債権の明細及びその全額が回収できないことを証する証拠資料についても，融資会社からの保証金支払請求書及び貸付カード以外には存在しないとして，具体的な証拠は提出していなかった。

納税者の主張

課税庁は，納税者が代位弁済額を貸倒れとして損金経理をしていないので，貸倒損失を認めないとしているが，次の理由により，損金経理したものとし

て，貸倒損失を認めるべきである。

納税者の代位弁済についての経理処理は，保証預り金（負債）の減額とし，同額を納税者の預金から融資会社に支払っている。これは，確定決算に基づく純資産の減少であり，簿外で処理したものではない。

納税者が信用保証する範囲は，信用保証契約で定められており，融資会社から代位弁済の請求があった場合には，納税者は，融資会社からの保証金支払請求書によって債務者らの破産，行方不明及び債務超過等の事実を確認することができる。

課税庁の主張

納税者が保証債務の履行（保証預り金の減額）として融資会社から代位弁済により取得した回収不能の債権については，次のとおり，貸倒れとして損金の額に算入することはできない。

破産，行方不明等の事実があったとしても，納税者の債権が法令の規定により消滅した事実もなく，また，債務者に対し書面による債務免除の通知が行われた事実も認められないから，納税者の債権は，法的に依然として存在しており，法人税基本通達９－６－１の定めには該当しない。

破産，行方不明等の事実は，債権の全額が回収できないことを判定するための重要な要素ではあるものの，法的に消滅していない債権が貸倒れとして損金の額に算入されるためには，貸倒損失として損金経理が必要であり，納税者が行った経理処理は，債務として計上していた保証預り金を減額したもので，確定した決算において費用又は損失として損金経理されたものではないから，基本通達９－６－２の定めにも該当しない。

審判所の判断

① 納税者は，代位弁済額がその他の費用の額として損金の額に算入されないとしても，納税者の経理処理は，保証預り金を減額し，預金より支払っており，これは確定した決算に基づく純資産の減少であり，簿外で処理したも

のでもなく，また，代位弁済額は，融資会社からの保証金支払請求書に基づき，債務者らの破産，行方不明及び債務超過等の事実を確認することができるので，損金経理したものとして，貸倒損失を認めるべきであると主張している。

②　しかし，納税者は融資会社に対し支払った代位弁済額を保証預り金の減額としているが，その全額を貸倒損失として経理処理をしていないから，法人税基本通達９－６－２に定める要件を満たしていない。

③　また，納税者は，融資会社からの代位弁済時に提出された保証金支払請求書によって，債務者らの破産，行方不明及び債務超過等の事実を確認できるから，代位弁済した金額は，貸倒損失として損金の額に算入されるべきであると主張している。

④　しかし，当該保証金支払請求書の中の一部には，代位弁済時において，債務者らの状況が，「交渉中」や「回収中」のものまで含まれていることや，破産等を証する資料等が添付されていないことなどから，債務者らに対する求償権が回収不能なもの又は消滅したものであるとは認められず，貸倒損失として損金の額に算入すべきであるとの納税者の主張は採用することができない。

(四方田　彰)

CASE 10 　同族会社との不動産賃貸借契約の妥当性

(参考)
東京地方裁判所　H17.7.8 判決　TKC25420216／TAINS Z255-10073
東京高等裁判所　H17.12.22 判決　TKC25420377／TAINS Z255-10257

[争点]
　個人と同族会社間における未収賃料に係る貸倒損失を不動産所得の金額の計算上必要経費に算入することができるか

　不動産業等を営む納税者が，自ら代表を務めるA社に対する未収賃料について不動産所得の金額の計算上貸倒損失を計上したことについて，その不動産賃貸契約は実質的には使用貸借と認められ，未収賃料の存在自体が否定された事案である。
　納税者はA社に対し納税者の所有する店舗を賃貸していたが，不動産賃貸契約書どおりに賃料の支払いを受けていた事実に関する証拠資料が不足しており，さらには変更した賃料が店舗に係る固定資産税等に比して低廉であることから，実質的には使用貸借であると判断された。
　納税者は，賃料収入を明らかにする資料を掲示せず，また帳簿の作成も疎かにしており，賃料収入として申告した所得額を立証できないという経理のずさんさを指摘せざるを得ない。
　しかし，賃料の授受が立証できたとしても，個人とその個人が密接に関連する同族会社間における賃料の設定においては，特に注意を払う必要がある。
　裁判所が示すように，所得税法における不動産所得は，不動産等を使用収益させてその対価を得ることも目的とする行為から生ずる所得と解されているため，低廉な賃料を設定する場合にはその対価性が問題となる。賃料が無償ではないとしても，使用収益に対する対価的意義を持たない程度である場合には，

実質的に固定資産税等の維持管理費用の一部負担金にすぎず，使用貸借であると認定される。本事案において対価的意義を持たない程度とは，不動産の固定資産税相当額を基準としており，課税庁は当該賃料が固定資産税相当額の約24％等が極めて低額な賃料と主張し，裁判所もこれを採用している。

賃貸借契約による賃料収入が使用貸借と認定されると，不動産所得の金額の計算上その不動産に係る賃料収入及び必要経費は一切算入できないことになる。

個人と同族会社とは別人格であるとの認識に沿って第三者間との整合性を考慮した取引が必要となる。

納税者の主張

納税者は店舗を建築し，A社に賃貸を開始した平成2年当時，賃料を月1,680万円と設定していた。平成8年以降賃料を月26万円等に減額したのは，A社の経営状態の悪化により不動産賃貸借契約書の定めに伴って賃料の変更を行ったためである。したがって，賃貸借契約の締結当初から約定どおりの賃料の支払いがされず，その後，店舗の賃料が変更されたことは事実であるが，店舗に関する取引が賃貸借契約であったことは明らかである。

また，平成3年以降毎年店舗につき賃料収入があるものとして所得税の申告をしてきており，納税者とA社には賃貸借契約を使用貸借契約に変更する意思はなくその旨の合意も存在しない。

課税庁の主張

平成11年に行われた税務調査の際に不動産賃貸借契約書は掲示されず，作成時期，内容等からして不自然・不合理な点が存在する。

また，変更後の賃料は店舗における固定資産税等の必要経費の約24％ないし約39％と極めて低額な賃料であって，納税者が対価を得ることを目的としない使用貸借契約にほかならないというべきである。さらに納税者は賃料収入に関する帳簿を作成せず，実際に支払われた賃料の額も確認すること

ができない状況にあり，賃料収入の額は不確実なものである。

裁判所の判断

① 所得税法に規定されている不動産所得は，当事者の一方が相手方から不動産等を使用収益させて，その対価を得ることを目的とする行為から生ずる所得をいうものと解されるから，対価を伴わない使用貸借については，借主からの金員の交付等があっても経費の一部の支払にすぎず，不動産等の貸付けによる所得には該当しないと解すべきである。

② A社から納税者に対しては，店舗の賃料が一部でも支払われていたと認めるに足りる証拠がないばかりか，納税者が賃料の振込先として指定する金融機関口座の存在すら，主張立証していない。

③ 仮に，納税者の主張する賃料の合意が存在していたとしても，係争年度のおける変更後の月26万円等の賃料は，店舗に係る固定資産税等の額にもはるかに満たないわずかなものにすぎず，対価性が全くないので，このような合意の存在をもって賃貸借契約と認めることはできない。

④ 以上によれば，賃貸借契約が真正な賃貸借契約の合意であって，賃貸借契約に基づき賃貸しているということはできないのであって，納税者が対価を得ることを目的としていない使用貸借契約に基づくものであるというほかない。

⑤ 上記のとおり，納税者はA社に対し使用貸借契約に基づき店舗を使用させていたと認めることができるから，たとえわずかな金員の支払合意の下，店舗の貸付けがなされ，これについての未収金が回収不能になったとしても，その損失は，不動産所得を生ずべき事業の遂行上生じた損失には該当しないというべきである。

⑥ また，上記の点をおくとしても，そもそも未収賃料の具体的な債権額及び発生時期の点において必ずしも明らかでない以上，債務免除の適否及びその金額についても，判断することができないから，貸倒損失を不動産所得の金額の計算上必要経費に算入することはできない。

⑦　またＡ社作成の損益計算書上，平成８年３月期以降は，毎年相当額の利益を上げていて，長期借入金も減少傾向にあり，債務免除が行われたとする平成10年及び平成11年には，経営状態は改善しつつあったと認めるのが相当である。納税者のＡ社に対する債権があったとしても，それが回収の見込みがないことが客観的に確実であったとは到底認め難いと言わざるを得ない。

（茂垣　志乙里）

CASE 11　推計課税と貸倒損失

(参考)
福岡地方裁判所　H5.5.18 判決　TKC22007319／TAINS Z195-7134
福岡高等裁判所　H7.2.15 判決　TKC28020258／TAINS Z208-7459
最高裁判所　H8.10.14 判決　TKC28032073／TAINS Z221-7793

[争点]
課税庁の推計課税による所得計算における貸倒損失の認定方法

　納税者は，昭和57年5月に設立した石油製品の卸・小売業を営む法人であるが，本事案の対象時期（昭和54年分，55年分，56年分）は，いわゆる白色申告者として事業所得に係る所得税の確定申告を行っていた。
　本事案の背景には，課税庁による税務調査における納税者との対立があり，その結果，課税庁による推計課税に基づく所得計算の内容が焦点となっている。
　したがって，税務調査の意義と違法性，推計課税の要件と合理性などが判示されているが，税務調査及び推計課税の是非については言及しない。本事案では，課税庁が主張する推計課税による所得計算の過程において，貸倒損失の計上について判示がなされている点に注目した。
　つまり，推計課税による所得計算において，後述する特別経費の算定にあたっては，いわば客観的な算定をしており，その中で貸倒損失については，納税者の主張に検討を加えていることは興味深い。ただこれらの客観的な資料や納税者の主張を，税務調査から課税処分に至る一連の過程のどの段階で入手又は聴取したかは明確になっていない。

課税庁の主張

　課税庁は，納税者が算出所得金額（売上金額から特別経費の額を除く必要経費を控除した金額）を算出し得る帳簿書類を提示しなかったため，同業4法人の変動率（売買差益率）による修正を加えて納税者の係争各年分の算出所得率を算出し，売上金額に乗じて納税者の係争各年分の算出所得金額を算定した。

　この場合の特別経費とは，雇人費の額，支払利息・割引料の額，地代家賃の額及び貸倒損失の額の合計額であるが，課税庁は，雇人費の額は，賃金台帳に基づいて算定し，支払利息・割引料の額は，取引金融機関の調査資料に基づいて算定し，地代家賃の額は借地料の支払実額を採用しているが，貸倒損失については存在を否定している。

　すなわち，所得税法51条2項によれば，貸倒損失を必要経費に算入するための要件は，①事業所得を生ずべき事業の遂行上生じた売掛金，貸付金であること，②貸倒れ等により生じた損失であること，③必要経費への算入は，その損失の生じた日の属する年分に限られること，の3つであるところ，納税者主張の各債権は，要件に照らして，いずれも貸倒損失とは認められない。

裁判所の判断

①　所得税法51条2項は，事業所得を生ずべき事業について，その事業の遂行上生じた売掛金債権等の貸倒れにより生じた損失の金額は，その損失の生じた日の属する年分の事業所得の金額の計算上必要経費に算入する旨を規定している。そして，事業上の債権の貸倒損失が認められるには，債務者が破産しあるいは私的整理に委ねられた場合等のほか，債務者の債務超過の状態が相当期間継続し，その債権の弁済を受けることができないと認められる場合において，債権者が債権放棄，債務免除等その債権を整理する意向を表明したとき，又は債務者の事業閉鎖，所在不明その他これに準ずべき事情が生じ，その債務者の資産状況，支払能力からみて債権全額の回収見込みがないことが確実になったときであることを要すると解すのが相当である（以下

「回収不能状態」という）。また，債権の貸倒れの恣意的な計上を許すことは相当でないから，ある年分の資産損失となる貸倒れといい得るためには，当該年中に当該債権につき回収不能状態が初めて生じたものであることを要するというべきである。

② 以下，納税者主張の貸倒損失が認められるかどうかを個別に検討する。

（Ｆタクシー及びＣタクシー）

　　Ｆタクシー及びＣタクシーに対する債権については，納税者は課税庁に対し，昭和51年に石油ガス税法15条３項の規定により，石油ガス販売代金領収不能に関する承認申請書を提出し，年内に承認を受けていることが認められる。したがって，各債権の回収不能状態が生じたのは昭和51年と認められるのであって，係争各年分の貸倒損失と認めることはできない。

（Ｍタクシー）

　　納税者はＭタクシーに対して昭和58年に債権放棄の通知をしたが，その後も昭和60年ころまで取引を継続していたことが認められる。したがって，債権については係争各年において回収不能状態が生じたとは認められず，係争各年における貸倒損失の発生は認められない。

（Ｋ食品）

　　納税者を代表者とするＮ社（冷熱機器の製造販売会社）は，食品製造業者と取引があったが，業者が経営不振に陥ったため，納税者がそれを引き取るかたちで，昭和55年に納税者を代表者にしてＫ食品が設立されたこと，納税者個人と同社とは取引関係はなかったこと，納税者主張の同社に対する債権は，納税者と同社との関係から融資された貸付金であることが認められる。したがって，貸付金は納税者個人の事業とは無関係であって，事業の遂行上生じた債権とはいえないので，債権について貸倒損失として必要経費に算入することはできない。

（Ｋ食品共同組合）

　　Ｋ組合に対する納税者主張の債権はドラム缶代金の未回収分であるこ

と，同組合は現在も事業を継続していること，債権が未回収なのは同組合が債権の存在を認めていないからであることが認められる。したがって，債権の存在自体が不明であり，仮に存在しているとしても，同組合は事業継続中であり，債権も比較的少額であることから，回収は可能であると考えられる。したがって，債権について貸倒損失が発生したとは認められない。

（M　社）

M社に対する納税者主張の債権はプロパンの卸売代金であるが，M社は現在も事業を継続していることが認められ，債権の額も比較的少額であることを考えると，債権について貸倒損失が発生したとは認められない。

（K　社）

K社に対する納税者主張の債権は主に灯油の販売代金であるが，K社は現在も事業を継続中であり納税者との取引関係も続いていること，Kは債権について納税者に対して不動産を担保に供していることが認められる。したがって，債権は回収不能とはいえず，債権について貸倒損失が発生したとは認められない。

（T　社）

T社に対する納税者主張の債権は売掛金の遅延利息であり，納税者はT社に対し，昭和58年に債権放棄の通知をしているが，T社は現在も事業を継続中であることが認められ，債権の額が少額であることを考えると，債権について貸倒損失は発生したとは認められない。

（F　氏）

F氏に対する納税者主張の債権は貸付金であるが，これはF氏が前記N社の得意先会社の代表者であったことから貸し付けられたものであると認められ，納税者個人の事業とは無関係なのであるから，事業の遂行上生じた債権とはいえず，債権について貸倒損失として必要経費に算入することはできない。

(R塗装工業)

　　納税者主張の債権について債権放棄の通知が発せられたのは昭和58年であると認められるから，債権が納税者の事業の遂行上発生したもので，回収不能状態であったとしても，昭和58年の貸倒損失とされるべきものであるから，係争各年分の貸倒損失とは認められない。

以上のとおり，納税者主張の貸倒損失はいずれも認められない。

（林　仲宣）

CASE 12 簿外金銭債権と貸倒損失

(参考)
那覇地方裁判所　H17.12.14 判決　TKC25420354／TAINS Z255-10226

[争点]

簿外金銭債権の貸倒れは損金算入することができるか

　不動産業を営む有限会社である納税者は平成6年に課税庁の慫慂に従い平成3年3月期の法人税修正申告書を提出した。その後，納税者は，平成3年3月期には事実上不渡りとなっていた券面額合計25億円の手形・小切手を有しており，これらを平成3年3月期の修正申告に損失として計上すれば，当該期の法人税は零円であったと主張した。それにもかかわらず，課税庁が納税者を欺罔して修正申告をさせた。そのため，同修正申告に係る合計9億3,666万2,560円の損害を被ったとして，課税庁に対してその賠償を求めた。

　納税者が平成3年3月期に不渡りとなっていたと主張する手形・小切手は平成3年3月期の確定申告書にも，その後，提出されていた修正申告書にも記載がなく，いわゆる簿外資産であった。偶発債務であるから決算書に記載していなかったと納税者は主張したが，手形・小切手の発行されている偶発債務，ということについて，納税者の主張は曖昧なままである。

　手形・小切手が発行されていて金額の確定している債権を決算書に記載しない理由はない。貸倒損失の損金算入は損金経理が要件とされており，そもそも簿外資産は対象外である。さらに簿外ということは手形・小切手を受領した際の収益を益金に算入していないということであり，これを貸倒損失としたい，という納税者の主張には無理があった。

納税者の主張

　修正申告に際し，納税者が所持し，課税庁に預けていた手形及び小切手（券面額の総額約25億円。D振出のもの。以下「本件手形・小切手債権」という）は，平成3年3月期には事実上不渡りとなって納税者に損害が発生しており，損金算入が可能であり，平成3年3月期の事業年度の法人税が発生しなかった。しかし，課税庁は，これを納税者に隠して，3億7,587万1,600円の法人税を記載した下書きを納税者に交付して修正申告書の提出を求めた。

　また，修正申告に基づいて納税者の第三債務者に対する売買代金債権を差し押さえて取り立てた場合，納税者が当該取立てによる回収金から未払法人税額を控除した残額の返還を受けるためには更正の請求が必要であり，しかも，修正申告当時，既に更正の請求期限が徒過して納税者が更正の請求をすることは不可能であった。それにもかかわらず，課税庁は，平成2年3月期の確定申告書の未払法人税1億9,637万2,600円とその延滞税を差し引いた残額を納税者に返還する旨説明して，納税者に修正申告を行わせた。

　なお，課税庁は，簿外の金銭債権は損金算入の対象とはならないと主張するが，手形・小切手債権は偶発債務であるため，決算書に記載していないだけにすぎない。

課税庁の主張

　貸倒損失については，金銭債権が消滅する場合を除いて，「……明らかになった事業年度において貸倒れとして損金経理することができる」及び「……備忘価額を控除した残額を貸倒れとして損金経理をしたときは，これを認める。」と定められており，損金経理をすることが要件とされている。

　このことは，貸借対照表に記載されている金銭債権のみが損金の額の算入の対象となることを意味しており，いわゆる簿外の金銭債権は対象にならない。法人の帳簿書類に記載されていない簿外の金銭債権は，収益等が適法に帳簿書類に計上されていないことを意味していることにほかならず，当然に，

法人税の課税標準の計算が適法に行われていないことになるから、損金算入の対象にならないことは至極当然のことである。

本事案の場合、納税者が課税庁に提出した平成3年3月期から平成5年3月期の法人税確定申告書に添付した貸借対照表においては、手形・小切手債権については、全く記載されていない。つまり、納税者が損金算入が可能であると主張する手形・小切手債権は簿外資産であり、かつ、手形・小切手債権が納税者に帰属するものであるのかさえ、不明である。

また、手形・小切手債権を貸倒損失として繰り入れる場合の期間帰属の面から検討しても、一般に、手形債権が貸倒損失として損金算入の対象になるためには、単に不渡りの発生があれば足りるのではなく、手形債権に係る金銭債権の全額の回収が不可能であるという客観的な事実の発生を要するところ、納税者の主張する「事実上不渡りとなって」いたとは、いかなる状態をいうのか不明であり、かつ、不渡りとされる事実が平成3年3月期中に発生したものであるかについても不明である。

そうすると、納税者の主張は、仮に手形・小切手債権が納税者に帰属するとしても、また、不渡りの事実が平成3年3月期中に生じていたとしても、その事実のみでは、貸倒損失の損金算入要件を満たしていないばかりか、そもそも収益の計上がないにもかかわらず、手形の不渡りを理由として損金算入を求めるものであり、失当というほかない。

裁判所の判断

① 法人税法は、「当該事業年度の損失の額で資本等取引以外の取引に係るもの」は、内国法人の各事業年度の所得の金額の計算上当該事業年度の損金の額に算入すると規定しており、法人の有する金銭債権について貸倒れが生じた場合には、その貸倒れによる損失は損金の額に算入されることになる。そして、法人が有する手形債権を損金の額に算入できる場合としては、〔1〕貸倒引当金の繰入額の損金算入、〔2〕貸倒損失の損金算入がある。

貸倒引当金については、「各事業年度において損金経理により貸倒引当金

に繰り入れた金額については……政令で定めるところにより計算した金額に達するまでの金額は，当該事業年度の所得金額の計算上，損金の額に算入する。」と規定されている。

　貸倒損失については，金銭債権が消滅する場合を除いて「……明らかになった事業年度において貸倒れとして損金経理をすることができる。」及び「……備忘価額を控除した残額を貸倒れとして損金経理をしたときは，これを認める。」と定められており，貸倒引当金による繰入れ及び貸倒損失のいずれの場合においても損金経理をすることが要件とされている。なお，平成10年度税制改正前に認められていた債権償却特別勘定の設定による繰入れについても，損金経理が要件とされていた。

②　損金経理とは，「法人がその確定した決算において費用又は損失として経理することをいう。」と規定されている。このことは，貸借対照表に記載されている金銭債権のみが損金の額の算入の対象となることを意味しており，そうすると，いわゆる簿外の金銭債権は対象にならないと解される。

③　平成2年3月期，平成4年3月期，平成3年3月期のいずれの確定申告書にも，納税者の主張する手形・小切手債権についての記載はなく，これらの確定申告書に添付されている決算報告書にもその記載はされていない。そして，その他全証拠に照らしても，納税者主張の手形・小切手債権について，損金経理がされていたとは認めるに足りない。

④　修正申告において，手形・小切手債権について損金算入することができたことを前提とする納税者の主張は，失当というほかない。なお，納税者は，手形・小切手債権が偶発債務であるから決算書に記載していないとも主張するが，偶発債務であっても，その取引に係る収益等の金銭債権が法人の帳簿書類に計上されていることが前提となるものであり，納税者のこの主張もまた失当である。

（高木　良昌）

CASE 13 貸倒れの認定における回収不能の判断基準

(参考)
国税不服審判所　H14.2.5裁決　TAINSF0-2-057

[争点]
① 貸倒損失の処理は，裁判上の和解によるべきか否か
② 貸倒損失の処理における事実上の回収不能とは

　納税者（株式会社）は，甲社との間で平成8年4月ころから土地建物等の不動産取引を行ってきた。甲社は，平成8年8月6日に不渡りにより銀行取引停止となり，負債総額は約950億6,900万円という債務超過の状況であった。
　納税者は，平成9年7月18日付で，B地方裁判所から公告されたA物件について，平成9年9月1日付で当該物件の売却許可決定を受け，その売却価額は6億2,500万円である。
　納税者は，平成9年12月2日に甲社に対しA物件の土地の明け渡しを求め，B地方裁判所において，A物件上にあるとされる倉庫（テント）について立退料を支払う義務と前払地代家賃とを相殺することについて平成9年12月11日に和解が成立した。
　納税者は，平成9年4月1日から平成10年3月31日までの事業年度の期中において前払地代家賃等の金銭債権と相殺した立退料は，A物件の取得に要した費用と仕訳していたが，監査法人の強い指導によりこれらの仮装目的による形式上の会計処理を断念し，事実に基づく処理として，平成10年3月31日の決算修正仕訳によって甲社に対する前払地代家賃等の金銭債権のうち1億6,400万円を貸倒損失として計上して確定申告を行った。
　課税庁は，裁判上の和解は有効に成立し，和解は確定判決と同一の効力を有

するものであるから，納税者が立退料をＡ物件の取得に要した費用と認めることが相当であり，和解による金銭債権を立退料と相殺したことについては，土地の取得価額とすべきであり，回収不能な債権として貸倒損失として，必要経費に算入することはできないとして，更正処分及び過少申告加算税の賦課決定をした。そのため，納税者は，これを不服とし，その処分全部の取消しを求めた事案である。

　本事案は，非公開裁決であるが示された基準は重要なものである。職業裁判官である審判所所長は，法人税法22条3項3号の法解釈による基準を示し，裁判実務における馴れ合いによる裁判上の和解の実質的な問題点を考慮しながら，課税庁側の主張を形式的な根拠であるとして否定し，納税者側から提出された事実について詳細かつ丁寧に検討することにより，債務者について，貸倒損失を認定するだけの経済的事実が実質的に存在し，債権の回収が見込めないような場合に該当し損金経理による貸倒損失の計上が認められると判断している。

　また，課税庁が指摘した，議事録に記載された債権放棄の記録は後日に追加記載されたものであり，債務免除通知書も送付されていないから納税者が債権放棄をした事実はない旨の主張は，おそらく貸倒損失についての法人税法基本通達を念頭に置いたものと推測されるが，このような，形式的な根拠により判断をすべきではないとしている。

　本事案は，課税庁が納税者の行おうとした仮装を目的とした会計処理や形式的な不備に着目しすぎて，実質的な事実を否定したことにより主張が退けられている点が特徴的である。しかし，貸倒損失の処理における実務上の問題点として，納税者側の都合による実質が伴わない事案について，年度末における課税所得の減少を意図した形式的根拠の作出による処理が指摘されてきた。そのため，税務調査や税務訴訟を念頭においた場合には，債務者の債務超過の実質的事実が生じている事業年度において確定決算に基づく損金経理を行う必要があり，その際には，各種契約書の保管，議事録の作成及び債権放棄の通知などを立証が可能な形式により実施しておくことが求められる。

納税者の主張

①　和解は，株式公開を控えていた納税者が甲社に対する金銭債権が回収不能な債権となったことから，貸倒損失を計上することによる利益減少を回避したいという意図で本来なら貸倒損失とすべきところ，これをせず，土地に残されたテントが存在していたことを奇貨として，その撤去のための立退料を土地の取得価額とし，金銭債権と立退料を相殺するという和解内容を形式的に整えたものにすぎず，その実質は，甲社に対する回収不能債権の放棄である。

②　金銭債権の貸倒損失の計上については，納税者が有する甲社の金銭債権と立退料を和解により相殺することを企図したものであるが，監査法人の監査において，当該相殺の事実についてその虚構性を指摘され，金銭債権を公正妥当な会計処理の基準に照らして貸倒損失とすべき旨の指摘を受け，金銭債権を貸倒損失として確定申告したものである。

③　和解の実質は債権放棄であり，甲社に対する金銭債権と立退料との相殺の事実も虚構のものであるから，立退料は，法人税法施行令54条（減価償却資産の取得価額）1項1号に規定する資産の取得価額とはならない。

課税庁の主張

①　和解は有効に成立しており，裁判上の和解は確定判決と同一の効力を有するものであるから，これにより生じた法律効果に基づき，金銭債権と相殺した立退料は，A物件の取得に要した費用と認められるから，和解は，金銭債権を放棄したものではない。

②　納税者は，和解の成立により金銭債権が存在していないにもかかわらず事業年度終了後に平成9年12月26日付取締役会議事録に債権放棄をした旨の虚偽の文書を書き加え，議事録を改ざんしている。また，債権放棄の通知書を発送していないにもかかわらず金銭債権を貸倒損失として計上している。

③　立退料は，課税庁がA物件の土地を取得して，事業の用に供するために直接要した費用と認められるから，土地の取得価額とすべきである。

審判所の判断

①　和解は，納税者が株式公開を控えて，会計処理上，資産性のない前渡金を長期の前払地代家賃等として経理処理していたが，その後，競売により納税者が取得したＡ物件にテントが存在していたことを奇貨として，納税者側の一方的な事情で立退料を支払うという法律上の権利義務が生じるような事実を有しない和解条項を作り上げたものであることが認められる。和解の成立に伴い，納税者は，立退料を前払地代家賃等から土地勘定に振り替えていることが認められる。しかしながら，テントは，多額な立退料を必要とする物件とは認められず，またテント以外にＡ物件には立退料の対象となるべき価値ある建築物が存在していたとは認められない。納税者は，監査法人審査部から立退料を土地勘定とすべきでない旨指摘を受け，その結果，和解の和解条項に沿った経理処理を断念し，甲社に対する金銭債権を貸倒損失として計上したことが認められる。以上のことから，和解は，納税者が株式公開を控えていたという事情を考慮して作り出されたものであり，その事実に基づいて行われたものではないこと，また，立退料の対象となる建築物も存在しないと認められるから，その内容は具体的，合理的な根拠を欠いたものと認められる。

②　そうすると，和解は，単に納税者が株式公開という自己都合のために甲社と馴れ合い訴訟で和解したものであると認められ，その法律的な効果はなく，課税庁が和解を確定判決と同一の効力を有するとした判断には誤りがあると言わざるを得ないから，課税庁の主張は採用できない。

③　法人税法22条３項３号は，当該事業年度の損失の額で資本等取引以外の取引に係るものは損金の額に算入される旨を，同条４項では，その損金の額に算入される額は一般に公正妥当と認められる会計処理の基準に従って計算する旨規定している。

④　したがって，法人の有する金銭債権が債務者の債務超過等によって貸倒れになった場合には損金の額に算入されるのであるが，その判断基準は，法人の有する金銭債権につき，その債務者の資産状況，支払能力等からみてそ

の全額が回収できないことが明らかになった場合に，その明らかになった事業年度において貸倒れとして損金経理することができると解するのが相当である。この場合において，当該金銭債権について担保物があるときは，その担保物を処分した後でなければ貸倒れとして損金経理することはできないものと解される。

⑤ まず，甲社の資力の状況等については，銀行取引が停止され，多額な債務超過が継続しており，休業状態にあること，また，繰返し土地を譲渡しているが，多額な譲渡損失が発生していることから，所有している土地の価値は大幅に下落していると認められ，和解が成立した平成9年12月11日には，その資産内容は極めて悪い状況にあり，債務超過の状態が相当期間継続していたことが認められ，各覚書によっても，納税者は，甲社に対する金銭債権に対して担保物を有していないことからすると，甲社には，納税者の金銭債権を返済する資力はないと認められる。

⑥ そして，納税者は，甲社に対する金銭債権の全額が回収できないことが明らかになった場合に該当するとして，その明らかとなった平成10年3月期に金銭債権を貸倒損失として損金経理したものである。そうすると，納税者が金銭債権を回収不能な債権として貸倒損失に計上したことは相当と認められる。

⑦ 債務者に破産，債務超過等の事実が実質的に存在し，債権の回収が見込めないような場合には損金経理による貸倒損失の計上が認められるから，議事録に債権放棄の記載があるか否か，あるいは債務免除通知書を債務者に送付したか否かといった形式的な事実をもって判断すべきではない。

⑧ 以上のとおり，和解の内容は，その実質において判決と同一の法律効果はなく，納税者が金銭債権を貸倒損失として処理したことは相当と認められる。したがって，課税庁が和解を有効なものとして，立退料を土地の取得価額として行った更正処分は違法であり，その全部を取り消すべきある。

(竹内　進)

CASE 14　貸金債権の存在が認められなかった場合

(参考)
国税不服審判所　H3.6.10裁決　TKC26010685／TAINS J41-1-05

[争点]

貸金請求訴訟の勝訴判決は債権の存在を証明するものとなるか

　納税者は不動産業を営む法人であるが，昭和62年11月期の確定申告において，貸金債権のうち1億7,454万円を貸倒損失として損金に算入した。

　課税庁は昭和63年10月に更正並びに無申告加算税及び重加算税の各賦課決定をした。

　納税者は，昭和57年11月30日に不渡りとなっていた手形を，昭和62年10月に貸金請求訴訟を提起し，勝訴判決を得た上で証拠として提出した。

　審判所は，手形債権にまとめる前の旧貸付債権自体が存在していないとして棄却した。

　この事案は結局，昭和56年に納税者が2億円ほどをA社もしくはA社の代表者Bに用立て，そのうち5,000万円は同年中に回収し，1億5,000万円は昭和61年3月に和解により消滅，昭和57年にはT社に用立てした2,000万円ほどをA社が代わって引き受けたが，同年中に他社に債権譲渡されているのでこちらも回収したものと思われる。

納税者の主張

　貸金債権は，納税者がA社に対し有していた貸付金及び利息債権の弁済を受けることを目的とした債権である。A社から貸金債権回収のため受領した

約束手形（手形金額3億2,454万円）は，昭和62年11月の貸金請求訴訟判決により存在の事実が確認されている。貸倒対象債権は，貸金債権のうち昭和61年3月の和解により消滅した貸付金を除いたものである。

納税者は，昭和57年7月以降数十回にわたりA社に対し返済を求めたが，A社の代表取締役Bは，全く誠意を見せず返済の求めに応じなかった。納税者が依頼した興信所の調査結果によれば，Bは詐欺事件により逮捕されるような人間であり，その言動は信用できる相手ではない。

A社の昭和61年7月31日現在の資産合計額は2,231万円，負債合計額は7,089万8,000円と債務超過の状態にあり，債権回収のための資産はない。

課税庁の主張

貸金債権は，その存在が認められないものであるから，貸倒損失として損金の額に算入することはできない。貸金請求訴訟においては，被告であるA社が出廷せず，答弁書も提出していないことなどにより納税者の主張が認容されたもので，判決をもって直ちに貸金債権が存在したとは認められない。約束手形が不渡りとなった事実は認められるが，債権について，その存在を証する会計帳簿及び関係帳票書類等の提示がなく，また，それらの金銭の貸付けにあたり担保とした物件の処分の状況や，納税者がA社に貸し付けるために資金調達した際の借入金の精算の状況等が不明である。貸付金の担保であると主張する土地については，登記簿謄本によれば，納税者は昭和56年8月に売買により同土地の所有権を取得しており，貸金の担保としての事実が確認できない。

納税者は，貸金請求訴訟において請求する貸金の額を3億2,454万円と主張しているが，昭和60年11月期の決算報告書によると，受取手形金額を1億7,454万円と計上し，調査においても同金額である旨主張しており矛盾がある。

確定申告においても次のような不自然な点がある。納税者は，昭和62年11月期の申告期限日に，昭和60年11月期，昭和61年，11月期，昭和62年

11月期の3年分の確定申告書をまとめて提出しているが,昭和60年と昭和61年の決算報告書の内容は同一のものであり,両事業年度とも収入金額及び支出金額の発生がなく,所得金額がないものとして申告している。

調査担当職員が,納税者に対し,昭和56年11月期から昭和60年11月期までの収支状況及び資産負債等について質問したところ,納税者は,何ら明確な答弁を行わず,総勘定元帳等,会計帳簿を何ら提示しなかった。

更に,納税者の昭和56年11月期の決算報告書には,次期繰越利益金額が165万4,666円と記載されているところ,その間は倒産状態であったにもかかわらず,昭和60年11月期の決算報告書には,前期繰越利益金額が5,064万9,745円と記載されている。

審判所の判断

① 納税者が,提出した昭和56年11月期の決算報告書及び勘定科目内訳書には,Bに対する仮払金2億円,銀行からの借入金1億円,他社からの手形借入金8,000万円及び支払手形2,000万円がそれぞれ記載されている。昭和56年7月25日付のB発行の借用証には,土地を担保に5,000万円を借用した旨記載されている。

② 担保物件(1)の登記簿謄本によれば,土地は昭和56年8月に売買を原因として納税者に所有権が移転し,その後昭和56年11月にS社に売買された。

昭和57年3月9日付の貸付債権については,担保物件(2)の登記簿謄本によれば,T社が土地を担保に2,000万円を借用したとなっており,この債権は昭和57年11月に他者に債権譲渡されている。Bの答述によると,担保物件(1)については,納税者から土地を担保として5,000万円を借入れし,土地の所有権を納税者に移転した。昭和56年11月に他社から7億円の融資を受けたので上記借入金を返済し,納税者名義の所有権をS社に移転した。

③ 担保物件(2)については,納税者に指示をしてT社に2,000万円を送金させたが,後日,これをA社の借入金とすることを了解したものである。

約束手形については,納税者から融資を受け始めた昭和56年の初めころ,

納税者の求めにより，手形用紙に，振出人の記名及びなつ印をし，金額，振出日及び支払期日を記入しないで渡した手形2枚のうちの1枚である。

④ 納税者の主張する旧債権は，次の理由により，貸金請求訴訟を提起した昭和62年10月7日現在には存在していたとは認められない。担保物件(1)の貸付金5,000万円については，その貸付金の担保物件である土地の所有権が昭和56年11月に売買を原因としてS社に移転されたことから，同日納税者の債権はS社に譲渡され消滅したものと認められる。担保物件(2)の貸付金2,000万円については，その債務者がT社ないしA社と認められるところ，当該貸付金は昭和57年11月に他者に債権譲渡され，消滅したものと認められる。

⑤ 担保をとっていない他の貸付金については，多額の貸付けであるにもかかわらず，その返済期限及び利息等を定めた金銭消費貸借契約を締結したことを認めるに足りる証拠資料はなく，かつ，担保も全く徴していないこと，貸金請求訴訟の勝訴判決後において，A社に対して債権の回収を図っていないこと，などを併せ考えると貸付金が存在していたとは認められない。

⑥ 納税者は，当該貸付金が存在するとして，当審判所に対し，昭和57年3月付A社発行の仮借用証，「A社預かり金明細表」と題するメモ及び振込金受取書等を提出したが，当該仮借用証には借用先が記載されておらず，弁済不能の場合は担保に差入れた物件を処分して弁済する旨記載されているにもかかわらず，納税者が担保物件を徴した事実が認められないことからすると，当該仮借用証は納税者あてに発行されたものとは認められない。また，当該メモ及び振込金受取書等は，納税者が主張する当該貸付金の一部に係るものであることから，これらをもって当該貸付金が存在したとは到底認められない。

⑦ 利息債権については，納税者は，貸付金に係る利息債権である旨主張するが，貸付金は消滅し又は存在しないものと認められるから，利息債権もその存在を認めることができない。

⑧ 納税者は，貸金請求訴訟の判決により貸金債権の存在の事実が確認され

たと主張する。しかしながら，貸金債権の基となった旧債権は，貸金請求訴訟を提起した時点においては存在しないものであること，貸金請求訴訟の判決は，被告であるＡ社が出廷しないことなどにより納税者の主張が認容されたものであること，納税者は，貸金請求訴訟の判決により強制執行をすることができるにもかかわらずそれをした事実は認められないこと，などからすると納税者が貸金請求訴訟を提起したことは不自然，不合理であり，判決をもって直ちに貸金債権が存在したとみることはできない。

⑨　以上のとおり，貸金債権の存在を認めることはできないから，貸倒対象債権を貸倒損失として損金の額に算入することはできない。なお，貸倒対象債権が回収不能であるか否かについては，貸金債権の存在が認められない以上判断するまでもない。

（小野木　賢司）

CASE 15 貸倒損失の仮装と事実認定

（参考）
浦和地方裁判所　H7.8.28 判決　TKC28021462／TAINS Z213-7566

[争点]

貸金債権の存在は，仮装によるものか否か

　納税者は，不動産の売買，賃貸借及び代理媒介等を業とする株式会社である。昭和61年12月1日から昭和62年11月30日までの事業年度分の法人税について，青色申告書以外の申告書によって，所得金額は，欠損8,942万8,133円，法人税額0円で確定申告をした。これに対し，課税庁は，納税者が，そもそも存在しない貸金債権についてあたかも存在するかのごとく仮装して貸倒損失1億7,454万円を計上し，これに基づき事業年度の確定申告書を提出したものであるとして，更正（所得金額1億9,511万1,876円，法人税額8,098万6,600円）並びに無申告加算税（115万500円）及び重加算税（2,932万円）の賦課決定をした。そこで，納税者は，昭和63年12月28日，課税庁に対し各処分についての異議申立，審査請求を経てその内容に瑕疵があり，違法であるとして課税処分の取消しを求めて出訴した事案である。

　判決では，納税者の主張した貸金債権全てについて，証拠や事実に照らして存在していないか，事業年度の時点では既に消滅しているものであるから，貸倒損失は認められないと判示された。

　ある事業年度において大幅な黒字が見込まれるからといって本事案のように，そもそも存在しない貸金債権を存在していると仮装して貸倒損失を計上した場合には，真実の所得を知りながら，故意に著しく過少な金額を所得して申告していることから重加算税が課されることとなる。もし，何らかの事情から真実

に例外的な取引をする場合には，課税庁から不合理な取引として仮装を疑問視されないためにも，実務においても当然必要な，金銭消費貸借契約書，会計帳簿等の資料を提出できるよう準備をしておくことが求められる。さらに，多額な貸付金については，その正当性の判断からも抵当権の設定等による債権保全の可否なども検討されることとなる。

納税者の主張

課税庁が貸倒損失について，仮装と認定したのは，以下のとおり事実誤認である。

（債権1）について，納税者は，昭和56年ころ，T社から1億5,000万円の融資の申込みを受けたので，M銀行から5,000万円，A社から2,000万円を借り入れ，合計7,000万円をT社に貸し付け，またB社もT社に8,000万円を貸し付けた。納税者とB社は，この貸金債権の担保として，T社所有の土地甲に，持分2分の1ずつで抵当権の設定を受けたが，納税者の知らないうちにCに対して抵当権の移転登記がなされたので，納税者は昭和57年に裁判所にその抹消登記手続を求める訴訟を提起した。そして，納税者は，訴訟事件において，昭和61年3月28日にT社に対する債権をB社に1,300万円で譲渡したので，結局5,700万円が回収不能となった。

（債権2）について，納税者は，昭和56年7月ころM銀行から借り入れて，T社に5,000万円を貸し付け，T社から，譲渡担保としてその所有の土地乙の所有権移転を受けた。T社は登記簿上所有者として記載されていないが，実質的には所有者であり，所有名義人をして譲渡担保として納税者名義に変更させた。そして，土地乙につき納税者からD社に対して所有権移転登記がなされているが，登記は納税者の知らないうちに行われたものであり，納税者は貸金を回収していない。

（債権3）について，納税者は，昭和57年3月ころ，E社他の複数人から合計1億円を借り入れ，これを数回に分けてT社の銀行預金口座に振り込み，

もってT社に対して無担保で1億円を貸し付けた。

（債権4）について，納税者は，T社からF社へ2,000万円を送金することを要請され，そこでT社との間でT社に対する貸付けとすることに合意して，昭和57年3月9日F社に2,000万円を送金した。なお，納税者は，この送金に係る金銭については，F社に対する関係でも貸金とし，その債権につき，F社の代表者の父親G所有の土地丙に担保権の設定を受けた。しかし，担保権の設定は，当時行方不明であったGに無断でF社の代表者がしたものであり，納税者はGの財産管理人から担保権の抹消手続請求訴訟を提起されて敗訴した。納税者は，無資力のF社からは2,000万円を回収することができず，T社に対する貸金と認めることとした。

（債権5）について，昭和57年6月17日計上の454万円の貸付金利息債権として，（債権1）から（債権4）について発生した利息額である。

納税者は，T社に対し（債権1）ないし（債権5）のとおり合計2億3,154万円の債権を有しており，債権の弁済のためにT社が振り出した約束手形を所持していたが，約束手形は不渡りとなったので，事業年度において，これを貸倒損失とした。

課税庁の主張

仮に（債権1）が存在するとしても，納税者はその債権を本件事業年度前の昭和61年3月28日にB社に譲渡した。

土地乙が納税者名義にされ，その後納税者からD社へ名義変更されたことは認めるが，T社が土地乙の所有権を取得したこと及び土地につき納税者のために抵当権が設定されたことはない。仮に土地につき納税者のために譲渡担保が設定されたとしても，昭和56年11月5日に売買を原因として納税者からD社に所有権移転登記がなされており，売買は担保権の実行と見るべきであるから，これによって（債権2）は消滅した。なお納税者はD社への所有権移転登記は無断でなされたものであると主張するけれども，納税者が債権の担保権の保全のための措置を採っていないことは不合理である。

（債権3）は，合計1億円であり，納税者が事業年度の確定申告において貸倒損失として処理するまでに相当の期間が経過しているにもかかわらず，納税者は，担保提供も求めず放置しており，また債権は単一の契約によるものではないというのであるが納税者が個々の貸付契約成立の詳細を主張することができないのは，不合理である。

T社が土地丙の所有権を取得したこと及び納税者のために同土地を担保に提供したことはなく，土地丙の抵当権設定登記は平成元年10月27日に錯誤を理由として抹消されていることからすれば，（債権4）が発生していないことは明らかである。

以上のとおり，（債権1）ないし（債権4）は，そもそも発生していないか，あるいは既に消滅しているから，これらの債権の利息債権である（債権5）も存在しない。

納税者は，昭和56年12月から昭和60年11月までの4事業年度について，事業活動を行っていない，いわゆる休眠会社又は倒産状態であった。そして，昭和56年11月期の決算報告書中の貸借対照表及び添付の「貸付金及び受取利息の内訳書」には，債権は，貸付金として計上されておらず，昭和60年11月期の決算報告書中の貸借対照表には貸付金の計上はなく，報告書添付の「受取手形の内訳書」には，同期末の受取手形としてT社に対する1億7,454万円が計上されている。このような状況からすれば，納税者が3億円を超える借入れをすることが可能であったとはいえず，また他から借入れをしてまでT社に貸し付けるのは不自然である。しかも，納税者は，債権回収を図ることもなく，貸倒損失がなければ黒字となるべき事業年度になって初めて貸倒損失を計上している。

裁判所の判断

① 納税者が（債権1）を有していたとしても，納税者が債権を事業年度よりも前である昭和61年3月28日にB社に譲渡したことは納税者の自認するところであり，したがって，納税者は，事業年度においてはその（債権1）

及びその利息債権を有していなかったものであるから，事業年度に債権について貸倒損失が生ずることはない。

② 納税者は，昭和56年7月25日ころ，T社に5,000万円を貸与し，同年8月10日に貸金債権の譲渡担保として土地乙の所有権を取得し，その移転登記を受けたことが認められる。しかしながら，土地乙について，同年11月4日売買を原因として同月5日付けで納税者からD社に対して所有権移転登記がされたことが認められるので，（債権2）については，土地乙のD社への売買により譲渡担保権が実行され，これによって（債権2）は消滅したものというべきである。もっとも，証拠によれば，土地乙につき納税者からD社に対する所有権移転登記は，納税者の実印が不知の間に使用されてなされたもので，そのため弁護士に着手金50万円を支払ってこれに関する訴訟手続を依頼したというのであるが，証拠によっても誰が如何なる理由で納税者に無断で所有権移転登記を行ったのか，また如何なる経緯で納税者の実印が冒用されたのか等の事情が全く不明であり，結局納税者はD社への所有権移転登記に関しその抹消を求める訴訟を提起していないのであるから，これら事実に照らすと，納税者の代表者本人尋問の結果中，D社に対する所有権移転登記は納税者に無断でなされた旨の部分は採用することができない。

③ 納税者は，（債権3）については，数回にわたって貸し付けたものであると主張するが，個々の契約の成立日，弁済期，利息等の具体的な内容に関して何らの主張をしないところである。証拠によってもその内容の詳細は不明であり，納税者は，納税者と貸付先T社との間の契約書等の証拠書類は何ら提出せず，納税者が他から高額の借入れをしてまで多数回にわたりT社に貸付けをした理由ないし必要性，及び他者からの借入れについての弁済期や利息等の内容，担保提供の有無，仮に担保を提供していないとすれば，それにもかかわらず他者が高額の貸付けに応じた理由等については，何ら明白な主張をせず，またこれら事実を認めるに足りる証拠もない。

④ そこで，各事実に照らすと，納税者の主張に添う証拠はその内容が具体性を欠くから，これによって，貸付債権が発生したと認めることはできない。

⑤　（債権4）について，納税者は，昭和57年3月9日，F社に対し2,000万円を貸し付け，同年6月28日に債権を担保するためF社の代表者の父親Gの所有であった土地丙につき抵当権を設定し，翌29日に抵当権設定仮登記を経由し，同年11月17日にHに債権を譲渡し，翌18日に仮登記抵当権移転の仮登記がされたこと，もっとも，昭和60年にGが納税者，H等に対し仮登記の抹消等を求める訴えを裁判所に提起し，平成元年4月26日にGの訴えを認容する判決がなされ，各仮登記は，同年10月27日に錯誤を原因として抹消されたことが認められる。もっとも，各仮登記が抹消された後の納税者とH並びにF社との関係がどのようになったかは，証拠によっても，明らかでない。

⑥　ところで，証拠には，納税者は，昭和57年3月9日ころ，T社との間で，納税者がF社に2,000万円を送金し，これをT社の借入債務とすることに合意した旨の，また，T社の代表取締役は，国税不服審判所に対し，T社は，納税者にF社に対して2,000万円を送金させ，後日これをT社の借入金とすることを了解したと答述した旨の記載がある。しかしながら，仮に納税者がF社に2,000万円を貸与したのはT社の斡旋等によるとしても，T社が納税者にこのような高額の借入債務を負担することを了解した理由は不明であり，また納税者は，T社も債務を負担することを承諾したことに関する書面を証拠として提出しない。そこで，このような事実に照らすと，T社も2,000万円につき債務を負担することを承諾した旨の記載部分は俄に採用することができず，他にT社が債務の負担を承諾したことを認めるに足りる証拠はない。

⑦　以上のとおり，事業年度には（債権1）ないし（債権4）は存在しなかったのであるから，その利息債権である（債権5）も存在しなかったことは，明らかである。

⑧　納税者は，裁判所に対し，T社を被告として，昭和57年6月17日に弁済期及び利息の定めなく3億2,454万円を貸与したことを理由として，同額の支払いを求める訴訟を提起し，昭和62年11月19日に請求を認容する判決が言い渡されたことが認められる。しかし，請求原因は納税者の主張と異な

るばかりか，判決はいわゆる欠席判決であることが認められるから，判決によって各債権の存在を認めることはできない。納税者は，手形を所持していることが認められるが，手形は，停止処分済・取引なしとの理由で不渡りになっており，またその額面は3億2,454万円であって，納税者のT社に対する債権額は2億3,154万円であるとの納税者の主張とも齟齬するから，これら事実に照らすと，手形の額面金額は，果たしてT社の意思に基づいて記載されたものかどうか，あるいは納税者のT社に対する貸金債権を対象としたものかについて疑問があるというべきである。したがって，手形をもって，債権を認定することはできない。

⑨　以上のとおり，事業年度においては，各貸金債権は存在しなかったのであるから，貸倒損失の発生も認められない。

（竹内　進）

CASE 16　子会社に対する債権放棄と貸倒れの基準

（参考）
横浜地方裁判所　　H5.4.28 判決　　TKC22007252／TAINS Z195-7128
東京高等裁判所　　H7.5.30 判決　　TKC28020319／TAINS Z209-7528

[争点]
納税者の子会社に対する貸付金の債権放棄の適否と寄附金該当性

　本事案において，納税者は，土木・建築請負業を営む法人であり，ゴルフ場の建設・経営等を目的とするＡ社との間で，昭和52年９月にゴルフ場の請負契約（請負代金16億5,000万円）を締結した。その後，Ａ社は債務超過の状態であるとして昭和59年３月27日に任意で解散した。そこで，納税者は，Ａ社に対する工事代金や追加融資分の約20億円を昭和59年３月30日に債権放棄し，納税者は，昭和58年４月１日から昭和59年３月31日までの事業年度の法人税の所得計算において，Ａ社に対する債権放棄を法人税基本通達９－６－１，９－６－２，９－４－１を根拠とする貸倒損失として損金の額に算入し申告をした。

　これに対して，課税庁は，「納税者はＡ社及びＢゴルフ倶楽部が納税者と代表取締役を共通にし，納税者の資本的支配下にあることを利用して，納税者及びＡ社の税負担を回避するとともに，Ｂゴルフ倶楽部から債権放棄にかかる金額の回収を図る目的で，納税者の主導の下に，Ａ社の解散から，債権放棄，Ａ社からＢゴルフ倶楽部へのゴルフ場の譲渡に至るまで，計画的に一連の処理をしたものである。」と認定し，納税者のＡ社に対する債権放棄は，損金算入することはできないとして，更正処分及び過少申告加算税の賦課決定処分を行った。そこで，納税者は更正処分等の取消しを求め出訴したものである。

　裁判所は，判決において課税庁側の主張した事実関係を全面的に受け入れ，

納税者側の主張した内容について疑いを抱き，詳細な事実認定を行った結果その主張について理由がないと退けた。

　納税実務の現場において，ある事業年度において所得額の大幅な増加が予測される場合には，合理的な節税策として貸倒損失計上の可能性がある債権について通達適用の可否判定を客観的な資料に基づいて検討する。しかし，外見的には通達に該当するかのような事実の存在を作出しても，その事実が全体として，預金，貯金，貸付金，売掛金，その他の債権について評価損の計上を認めない旨規定した法人税法33条を潜脱するための行為であると評価される場合には，通達にいう「相当な理由」は存在しないこととなる。

　したがって，形式的に通達に合わせる形で作出された状況における債権放棄は，客観的に回収不能の状況においてなされたものではなく，実質は，納税者の子会社に対する経済的利益の供与にすぎず，寄附金の支出と解されることとなるため慎重な対応が求められる。

納税者の主張

　債権放棄は，納税者のＡ社に対する工事代金債権の回収が不可能と判断される状況下において，親会社である納税者が倒産の危機を回避するために行われたものであり，法人税基本通達９－６－１，９－６－２及び９－４－１に該当することは明らかである。

　基本通達９－４－１は，親会社が子会社に対する損失負担や債権放棄をしないと経営不振の子会社のために親会社までが犠牲になることを防止するために定められたものであり，その適用を撤退費用の場合に限定する必要はない。債権放棄を行わなかった場合には，納税者が連鎖倒産の危機に追いやられたほか，ゴルフ場倒産による社会的責任問題すら発生する虞があり，納税者は，このような危機を回避するためやむを得ず債権放棄を行ったのである。

課税庁の主張

　債権放棄が貸倒損失になれば，納税における所得金額の計算上，約20億円にのぼる多額の所得金額を貸倒損失の金額だけ縮減でき，その分に係る法人税，住民税，事業税の負担を免れることができる。そして，その部分をゴルフ場の建設資金に回すことが可能になる。これが債権放棄の意図・目的であり，かような債権放棄は，法人税法33条の規定する金銭債権の評価減の禁止を潜脱して右各税の負担を回避する行為以外のなにものでもなく，法人税基本通達９－４－１の「相当な理由」がない。納税者は，債権を放棄しなくても，Ａ社に対する債権の履行を猶予し，これに対する利息を免除しさえすれば，Ａ社にとって，納税者が債権を放棄したのと同様の資金繰りの状態が得られるのであり，それを超えてあえて債権放棄までも行う必要はない。

　Ｂゴルフ倶楽部は，Ａ社が長期間にわたり費用を投下して完成させたゴルフ場を，その開場後，Ａ社の帳簿価額をはるかに下回る価額で譲渡を受けることにより，少なくともＡ社がゴルフ場を保有している場合に比べて極めて好条件で会員募集等ゴルフ場の経営を営むことができるようになったのである。このことはＢゴルフ倶楽部の大口株主である納税者にとって，債権放棄を行っても実質的に右放棄額を将来Ｂゴルフ倶楽部を通じて回収できることを意味する。実際，Ｂゴルフ倶楽部の収入は年々増加している。納税者は，Ａ社及びＢゴルフ倶楽部が納税者と代表取締役を共通にし，納税者の資本的支配下にあることを利用して，納税者及びＡ社の税負担を回避するとともに，Ｂゴルフ倶楽部から債権放棄に係る金額の回収を図る目的で，納税者の主導の下に，Ａ社の解散から，債権放棄，Ａ社からＢゴルフ倶楽部へのゴルフ場の譲渡に至るまで，計画的に一連の処理をしたものである。かような事情に鑑みれば，債権放棄は，客観的に回収不能の状況においてなされたものではなく，実質は，納税者のＡ社に対する経済的利益の供与にすぎず，寄附金の支出と解すべきである。

　以上によれば，納税者による債権の回収は不可能ではなく，また，Ａ社の解散に伴って納税者が債権を放棄しなければならない理由があったとはいえ

ないから，債権放棄が基本通達9－6－1，9－6－2及び9－4－1に該当すると解する余地はない。納税者は，債権の回収が不可能ではなかったにもかかわらずこれを放棄したものであり，これによりA社に対して経済的利益を供与したことになる。かような経済的利益の供与は，法人税法37条に規定する寄附金の支出に該当するものとして，損金の額に算入されないというべきである。

裁判所の判断

① 債務超過とは，マイナス財産（負債）がプラス財産（資産）を超過することであるところ，法人税基本通達9－6－1によれば，債権額が貸倒れとして損金の額に算入されるためには，債務超過の状態が相当期間継続し，その貸金等の弁済を受けることができないと認められることが必要であるから，特定時点の計算書類の数額が債務超過の状態を示していることのみをもって，直ちに同規定に該当するということはできない。また，基本通達9－6－2にいう債務者の資産状況の判断にあたっても，計算書類の数額はひとつの判断資料になるが，それが決定的な意味を持つものではないと解され，同規定の支払能力を判断するについても，その財産のみならず，信用や労力を考慮すべきである。したがって，特定時点の計算書類上の数額から直ちに各通達への該当性が決せられるわけではなく，納税者の子会社A社の貸借対照表の数額の当否に関する問題が直ちに結論を左右するわけではない。

② ゴルフ場開場後も当分の間は債務超過の状態が継続するのが通常であるといえ，本格的に収益の計上を開始する3年ないし5年後の状況を見なければ，債務超過の状況が相当期間継続し，当該債務の弁済が不可能であるか否か（基本通達9－6－1）及び債務者の資産状況，支払能力等からみて，債権の全額が回収できないものか否か（基本通達9－6－2）は明らかにならないというべきである。

③ 基本通達9－4－1は，子会社の整理等の場合において，親会社が株主有限責任の原理を理由にその責任を回避することが社会的に許されないとい

う状況が生じる場合があり，その責任を果たすために親会社が損失の負担をしたとすれば，これをもって，任意の，事業上の必要と離れて行われる単純な贈与等とは同視できないから，親会社自らが生き残るために必要不可欠なものとして負担した損失については，それが今後より大きな損失の生ずることを回避するためにやむを得ず行われたものであり，それが社会通念上も妥当なものとして是認されるような事情にあるときは，これを寄附金の額に該当しないものとするのである。

④　納税者は，債権放棄の通知にあたり，債権放棄が寄附金に当たると認定された場合にはこれを撤回する旨を同通知書に記載しているが，これは債権放棄による損金処理によって親会社たる納税者が得る利益にのみ着目した措置であって，債権放棄によってその子会社に対する親会社の責任を果たすとともに自らの危機を回避するという基本通達９－４－１の趣旨に沿うものではない。

⑤　納税者は，昭和56年10月ころにＡ社の全株式を譲り受け，Ａ社を子会社としたのであるが，ゴルフ場のオープンにこぎつけた以上，納税者のＡ社に対する債権が今後格段に増加するという事情はなく，仮オープンの後，正式オープンの直前という時点でＡ社を解散させる理由は特にみられないというべきである。また，Ａ社は，解散事業年度末期に至ってＢゴルフ倶楽部にゴルフ場及びその入会者を引き継いでいるが，同倶楽部の代表取締役も納税者及びＡ社と同一人であるから，結局，ゴルフ場の経営の実態には何ら変更がない。

⑥　債権放棄は，昭和58年４月にゴルフ場がオープンし，その営業が開始されてからほぼ１年後という極めて短期間のうちに行われ，しかも，正式開場の昭和59年４月より前に行われたものであるが，Ａ社のために納税者がとり得る措置としては，履行の猶予や利息の免除等の手段も考慮に値するところ，このような時期に突如として債権放棄をする理由も十分ではない。

⑦　これまでみた事情を総合考慮すれば，債務超過の状態が相当期間継続し，当該債務の弁済を受けることができないとし，あるいは，資産状況，支払能

力等からみて，債権全額が回収できないことが明らかであるということはできず，また，債権放棄について相当な理由があるということもできない。したがって，債権放棄に係る金額を寄附金と認定したことは相当である。

(竹内　進)

CASE 17　医療法人に対する貸付金の免除

(参考)
東京地方裁判所　H11.3.30判決　TKC28071216／TAINS Z241-8377

[争点]

　医療法人に対する貸付金の免除を，その公益性を考慮することにより貸倒損失として損金の額に算入できるか否か

　本事案は，同族会社である納税者が，納税者の代表者Ａが理事長の職に就いている医療法人財団に対して有していた貸付金（約59億7,000万円）の一部（約24億5,000万円）を免除し雑損失に算入した金額が，貸倒損失として損金の額に算入できるか否かが争点となった。

　法人税法上は，「当該事業年度の損失の額で資本等取引以外に係るものは，当該事業年度の損金の額に算入される」（法人税法22条3項）こととされている。課税実務においては，通達に基づき金銭債権が貸倒れとなるか否についての判断は，「回収不能」時点を基準としている。さらに当該貸金等について物的担保等があるときには，その担保物を処分した後でなければ貸倒れとして損金処理を認めていない（法人税基本通達9－6－2）。

　納税者は，医療法人財団に対する貸付金の公益性という特殊性を考慮すべきであり，一般の事業法人に対する貸付金におけるように明確な回収手続に訴え難いという事情があるから一般的な基準と異なると主張している。

　しかし，裁判所の判断は，回収の可否の判断は，債務者の返済能力という不可視的事由にかかわるから，その判断の公正を期するためには，客観的かつ外観的事実に基づいて行うべきことになる判断し，詳細な事実認定を行って債権が回収不能の状態にあったと認めることはできないとしている。

納税者の主張

　納税者が,貸倒損失として主張する債権は,物的担保権により担保されていない債権であり,債権はその債務者である医療法人財団の業績悪化により,事業年度において回収不能となっており,そのため,納税者は,貸金等について,医療法人財団に対してその債務の免除をした。

　貸倒損失の認定に関する課税庁の主張を一般的に争うものではないが,債権は,公益性を有する医療法人財団に対する貸付金等であり,その事業の公益性,地域社会での重要性,医療業務が継続していたという事実に照らして,一般の事業法人に対する貸付金におけるように回収のみを目的として資金供与を停止し,あるいは法的精算手続に訴える場合には,多大の混乱を生ずることを考慮すれば,納税者としては,明確な回収手続に訴え難いという事情があったのであり,この点の特殊性をも考慮すべきである。

課税庁の主張

　法人の有する貸金等の債権が債務者の弁済能力の喪失等により回収不能となった場合の貸倒損失は,債務者の資産状況,支払能力等からみてその全額が回収できないことが明らかになった事業年度において損金処理することができるのであり,この場合において貸金等について物的担保等があるときは,その担保物を処分した後でなければ貸倒れとして損金処理することはできないものと解すべきである。

　納税者により損金算入されていた債権の多くは抵当権又は根抵当権により担保されており,損金算入の時点では,根抵当権の設定された担保物の処分はされておらず,また,担保物が経済的に無価値であることが客観的に明らかになっていなかったのであり,担保物により担保されない債権についても,事業年度においてその全部の回収不能が明らかになったものということはできない。

裁判所の判断

① 内国法人の各事業年度の所得に対する法人税の課税標準は，各事業年度の所得の金額であり（法人税法24条），この所得の金額は当該事業年度における益金から損金の額を控除した金額である（法人税法22条1項）。当該事業年度の損失の額で資本等取引以外に係るものは，当該事業年度の損金の額に算入される（法人税法22条3項）。当該事業年度の損失の額で資本等取引以外の取引に係るものであるかどうかは一般に公正妥当と認められる会計処理の基準に従って計算されることとなる（法人税法22条4項）。

② 貸付金等の金銭債権の価格の減少は，資産の減少となるとしても，本来，債権の回収の可否は，債務者の資産のみならず返済能力に依存する上，金銭債権の価値はその額面額によって表示されるものであることからすると，税務計算上，損金の額に算入される金銭債権の価格減少は，当該金銭債権が消滅したか，又は回収不能の事実が発生した場合に限られることになる。

③ 回収の可否の判断は，債務者の返済能力という不可視的事由にかかわるから，その判断の公正を期するためには，客観的かつ外観的事実に基づいて行うべきことになる。

④ 貸倒損失として損金処理するためには，事業年度において，債権の債務者に対する個別執行手続又は破産手続において回収不能が確定し，あるいは会社更生等の倒産手続において当該債権が免除の対象とされた場合等に限られるものではないとしても，法人が当該債権の放棄，免除をするなどしてその取立てを断念した事実に加えて，債務者の資産状況の著しい不足が継続しながら，債務者の死亡，所在不明，事業所の閉鎖等の事情によりその回復が見込めない場合，債務者の債務超過の状態が相当期間継続し，資産，信用の状況，事業状況，債権者による回収努力等の諸事情に照らして回収不能であることが明らかである場合のように，回収不能の事態が客観的に明らかであることを要するものと解すべきである。

⑤ 納税者は，融資先の事業の公共性を考慮した異なる基準をもって貸倒事実の認定をすべき旨の主張をするが，その趣旨が一般事業者に対する場合に

比して回収が容易な場合にも損金処理を認めるべしとするものであれば，課税の公平の観点に照らして採用することはできず，公共性の故に客観的かつ外観的事実による認定が困難であることを主張するものであれば，事実認定において留意すべき事情を指摘するものとはいえる。

⑥　免除に係る債権に相当する金額を事業年度における貸倒損失であると認めるためには，納税者が免除の意思表示をしたという事実のみならず，少なくとも債権を担保する担保権がないか，あってもその実行が期待できないこと及び当時の医療法人財団が返済能力を喪失していたことの立証が必要になる。債権の特定に至る経過，事実に照らせば，納税者と医療法人財団との間においては，少なくとも免除当時，免除の対象となった債権が納税者の有した根抵当権の被担保債権の範囲に含まれていたのかどうかについて明確な認識がなく，納税者への返済も個別担保による回収見込みとは別に総額をもって把握されていたことが推認されるのであり，また，全証拠によっても，債権が納税者の有した根抵当権によって担保されない事実，すなわち，免除当時に納税者の有した根抵当権の被担保債権の範囲，金額を明確にするには足りない。

⑦　債権がいわゆる無担保債権であったとしても，貸倒損失として損金処理するためには，その回収不能の事実の立証が必要になるところ，医療法人財団が経常的な赤字経営にあったことが認められるものの，免除後も相当額の任意弁済があり，それに対応する納税者の医療法人財団に対する債権が消滅したことが推認されるのであるから，事業年度において，債権が回収不能の状態にあったと認めることはできない。したがって，各処分は適法ということができる。

(竹内　進)

CASE 18 債権放棄後に一部の支払いを受けた場合

(参考)
国税不服審判所　H18.11.27 裁決　TKC26012053／TAINS J72-3-23

[争点]

　納税者が債権放棄により貸倒損失とした債権が，債権放棄を行った当時，当該債権の回収不能の事態が客観的に明らかであったかどうか

　納税者は，平成15年3月24日，甲から二階建て三世帯住宅の建築を6,321万円で請け負い，契約金として1,000万円を受領し，上棟時に中間金として1,000万円を受領し，その後，甲は契約に定める解除権に基づき，同年7月頃，契約を解除した。なお，契約の解除によって生ずる納税者の損害は，甲が賠償することとなっていた。

　納税者は契約の解除を受け，工事を未完成のまま中止するとともに，同年10月10日，甲に対し合計2,167万7,282円の支払いを請求したが，同人から支払いがなかったため，同年11月20日，内容証明郵便により，再度支払いを督促したが，同人から支払いはなかった。

　納税者は，甲に対し，平成15年12月26日，内容証明郵便により，債権を放棄し，当該事業年度の法人税について，債権放棄による貸倒損失の額として，2,065万6,173円を損金の額に算入して確定申告をした。

　これに対し，課税庁は，債権放棄に係る債権額2,167万7,282円（2,065万6,173円＋消費税及び地方消費税102万1,109円）を「寄附金の額」と認定し，更正処分を決定した。

　以上のように，納税者が債権放棄により貸倒損失とした債権が，債権放棄を行った当時，当該債権の回収不能の事態が客観的に明らかであったかどうかと

いう点が争点となった。

納税者の主張

　甲は，当該債権放棄の当時，債務超過の状態にあり，継続的な収入を得る見込みはなかった。
　その上，資産である当該土地等及び建物には担保価値がなかった。
　当該建物は，三世帯住宅という特殊な構造のため，売却が困難であった。
　仮に売却が可能であったとしても，未完成のため，完成させるまでに要する費用を考慮すると，費用倒れとなり，逆に取り壊してもその資材に資産価値がないことは明らかであった。
　したがって，当該債権は，債権放棄の当時回収不能であったため，債権放棄に係る債権額は貸倒損失の額に該当し，「寄附金の額」に当たらない。

課税庁の主張

　甲は，当該債権放棄の当時，当該土地等及び建物を所有していた。
　それらの資産全部を換価してもなお，債権について弁済する能力が全くなくなったことが客観的に確認されていない。
　したがって，当該債権は客観的に回収不能であったとはいえないから，当該債権放棄は，甲に対する経済的利益の無償供与であり，同放棄に係る債権額は「寄附金」に当たる。

審判所の判断

① 当該建物は，債権放棄の当時，内装工事はほとんど残されていたが，外壁はほぼ完成しており，請負工事で予定された行程の約70パーセントが完成した状態であり，建物を担保とする，当該債権に優先する権利はなかった。
② 納税者と関係者とが，平成15年7月25日以降，当該土地及び建物の処分方法等について協議し，その結果，甲が訴外株式会社に対し，平成16年

10月29日，現状有姿の状態で2,700万円にて売却し，納税者は，同日売却代金のうち1,311万3,253円を当該債権に対する支払の一部として受領した。そのため，当該債権が法人税基本通達９－６－１(1)から(3)に定める法律的に消滅した債権に当たらないことは明らかである。

③　債権放棄の当時，甲は債務超過の状態にあり，継続した収入の見込みもなく，土地等及び建物のほかに資産を有しておらず，当該土地等にはその担保価値を明らかに上回る仮登記が設定されており，加えて，当該建物は三世帯住宅という構造を有し，未完成であった。

④　しかし，当該建物は70パーセント程度完成していて既に建物として成立し，何らの担保も設定されておらず，債権放棄の前後を通じ，その処分についての協議が納税者も交えて継続されていたということからすると，債権放棄の当時において，当該建物自体に資産価値がないことが最終的に明らかとはなっていなかったものということができる。

⑤　したがって，債権放棄の当時，当該債権の回収不能の事態が客観的に明らかであったと言うことはできないから，当該債権放棄に係る債権額は貸倒損失の額に当たらず，当該債権放棄は，甲に対する経済的利益の無償供与であり，同放棄に係る債権額は「寄附金」に当たり，当該各賦課決定処分には，いずれもこれらを取り消すべき理由はない。

(四方田　彰)

CASE 19 子会社に対する債権放棄

(参考)
大阪地方裁判所　H15.10.15 判決　TKC28090151／TAINS Z253-9454
大阪高等裁判所　H17.2.18 判決　TKC254520104／TAINS Z255-09936
最高裁判所　H18.1.26 決定　TKC25450473／TAINS Z256-10284

[争点]
① 債務者の債務超過の状態が相当期間継続していることの判断基準
② 貸金等の回収不能の要件

　本事案の納税者は、昭和26年に設立された電気器具等の製造販売等を行う合資会社であり、同社の代表者らは平成２年に株式会社Ａを設立し、納税者の事業を承継している。

　このＡ社は設立当初から設備等の購入のため金融機関に対し約６億円の負債を抱え、平成３年から債務超過の状態が継続していた。平成６年頃から主な取引先であるＢ電工に対して売掛金の前払い等の支援を要望する書面を提出していたが、経営状態は改善されないことから、金融機関及びＢ電工からの提案で納税者所有の土地を売却し金融機関への借入返済を行うことになった。

　平成８年７月、納税者は土地売却代金２億2,000万円をＡ社に貸し付け、同年12月、臨時社員総会において貸付債権のうち２億円につき、債権放棄証を送付し、当該２億円を貸倒損失として計上し申告を行った。

　本事案第２審が下した判断のように、貸倒損失の認定又は貸倒損失に該当しない場合の寄附金非該当の認定には、債務者が債権放棄以外に経営改善への方策が存在していた場合には否認される事例が多い。特に親子会社等間での債権放棄である場合には内部間の合意による債権放棄とされ、必要性が否定される傾向がある。したがって、損金該当性を立証するためには客観的に明らかな事実証拠の積み上げが必要である。

本事案では取引先や金融機関などの外部からの債権放棄要求を立証する証拠や債権放棄により事業継続の可能性及び収支状況が改善される見込みがあることを明らかにする計画書等の作成が必要であったと思われる。

課税庁の主張

　債務超過状態継続の要件は，法人が貸倒損失として損金の額に算入するために必要とされるのであるから，同要件があるというためには，債務者の財産を時価に引き直して含み益等を考慮してもなお債務超過状態にあることを要するというべきであり，単に債務者が貸借対照表上債務超過となっていることのみによって認められるものではないというべきである。

　回収不能の要件が認められる場合としては，債務者において，破産，和議，強制執行等の手続を受け，あるいは，事業閉鎖等により債務超過の状態が相当期間継続していながら，他からの融資を受ける見込みもなく，事業の再興が望めないなど，金銭債権の弁済を受けることができないことが客観的に確認できる場合や，債務者の負債及び資産状況，事業の性質，事業上の経営手腕及び信用，債権者が採用した取立方法，それに対する債務者の態度等を総合考慮した上で，債務者に支払能力がなく，事実上金銭債権の弁済を受けることができないと認められるような場合に限られると解すべきである。

裁判所の判断

① 　第1審では納税者の主張が認容されたが，第2審ではこれを覆し，子会社への債権放棄が寄附金に該当する旨を判示した。法人税基本通達9－6－1(4)，9－4－2の内容が損金該当性の判断基準として合理性があることについて，納税者・課税庁間で争いはない。

② 　第1審，第2審ともに「債務超過状態継続の要件」「回収不能の要件」（基本通達9－6－1(4)），「必要性の要件」「相当性の要件」（基本通達9－4－2）を掲げて検討を行っているが，第1審，第2審ともに「債務超過状

態継続の要件」については，債務超過の状態が継続していることは財務諸表から明らかであるとして，この要件を充足していると判断している。しかし，「回収不能の要件」は第1審，第2審とも同じ結論を導いているが，その論理は以下のように異なっている。

③　第1審は，納税者が金融機関と同等の立場でA社から債権を回収することはできないとしながらも，A社が債権放棄後の事業年度に度々経常利益を計上していることや，借入総額が減少し続けていることを挙げ，A社からの債権回収の見込みが存したものと認めるのが相当であるとし，貸倒損失とは認められないと判示した。

④　これに対して第2審は第1審と同様に事業年度後の経常利益の存在を指摘した上で，さらに債権放棄が外部から要求されていないものであることを強調している。B電工や金融機関が納税者に対し債務超過状態を圧縮するよう勧奨された書面はあるものの，債権放棄までも要求した客観的な証拠が認められず，金融機関からの有利子負債を圧縮したことが事業継続及び収支状況に影響を与えたのであって，A社に対する債権放棄まで要求し，これに応じなければA社が倒産させられる状態にあったと認めるに足りる証拠はないと判示したのである。

⑤　子会社等の倒産を防止するためにやむを得ない債権放棄であったかという「必要性の要件」について第1審，第2審の判断は分かれている。

⑥　第1審は，回収不能とまでいえない状況であっても金融機関やB電工が求める債務超過状態の解消のため，債権放棄を行う方がより直截に両社の要望に沿うものであることは明らかであるから，A社が金融機関やB電工からの支援の継続を得る方策として，納税者に債権返済の猶予を申し出る等があり得たとしても，そのことをもって，債権放棄の必要性が存しなかったものと解することはできないと回収不能の要件よりも緩やかに捉えている。すなわち，基本通達9－4－2が当事者間の特殊関係に着目して，特別に再建に伴う経済的負担に対価性を認める趣旨であるという納税者の主張を認めたのである。また「相当性の要件」も債権放棄の額が債務超過の金額相当であり

要件を満たすとして，寄附金には該当せず全額損金算入を認めている。

⑦　第2審は，「回収不能の要件」により判示した内容を踏まえ，回収の見込みが存することは，債権放棄は，その倒産を防止するためにやむを得ず行われたとは解されず，相当性の要件についても判断するまでもなく，債権放棄が寄附金に該当することが明らかであるとした。

（茂垣　志乙里）

CASE 20　立替金を債権放棄した場合

(参考)
東京地方裁判所　H19.9.27 判決　TKC25463485／TAINS Z257-10792
東京高等裁判所　H20.3.6 判決　TKC25470614／TAINS Z258-10912

[争点]
① 立替金債権を放棄した場合の貸倒損失計上の判断基準
② 債務超過判定における土地の評価方法

　株式会社である納税者は，平成13年3月当時，株式会社Aに対して5,631万余円の立替金債権を有していた。納税者とAは，共通の出資者を有していたが，直接の資本関係は存在しなかった。納税者は，同月30日付で，Aに対して立替金債権を放棄する旨の通知を発した上で，本事業年度の法人税の確定申告について，立替金の債権の全額を貸倒損失として損金算入して所得計算を行った。

　これに対して，税務署長は，債権放棄は法人税法37条にいう「寄附金」に該当し，5,249万余円を損金不算入とする更正処分等を行った。本事案の争点は，立替金債権額が貸倒損失として損金算入できるか否かであるが，とりわけ，東京高裁では，通知は，私法上の債務免除の効力を発生させることを意図した私法上の行為であるか否か，そして，Aが債務超過の状態にあったか否かを判断する場合の所有土地の評価方法について争われている。

　裁判所は，通知の記載，取締役会での議論等や，納税者が賃借していたA所有の建物に対する賃料について，債権放棄前は納税者が債務と相殺していたが，債権放棄後は賃料を支払っていることを確認した上で，納税者には，Aに対して私法上の債権放棄の意思があったと認定した。

　債務者が債務超過の状態にあるか否かは，保有資産をもって債務の返済が可能かどうかを判断すべきであることから，路線価を用いて控えめに評価すべき

必要性はなく，土地の時価を表す地価公示価格を用いた更正処分は是認されるべきであるとの判断を下した。

　債権放棄によって債権者から債務者へ経済的利益が供与されたと考えられることから，債権放棄額は，法人税法37条にいう「寄附金」に該当する。一方で，経済的利益の供与について，倒産を防止するために債権放棄を行ったなど合理的理由がある場合には，「寄附金」に該当しない。債権放棄が貸倒損失として損金算入できるか否かは，事実認定の問題である。

　債権放棄を貸倒損失として計上する要件について，通達は，債務者に対して書面により「債務免除額」を明らかにすることを規定しているが，債務免除の通知が存在するだけでは不十分である。本事案において，裁判所が，納税者がAに対して債務履行を請求していないこと等を認定した上で判断を下した点は評価できる。

　債権放棄を貸倒損失として損金計上することについて，裁判所は厳格な立場に立っている。債権者は，債務者の返済の履行が困難な状況であることを立証しなければならないが，実際には債権者が，債務者の状況を的確に把握して返済の履行の可否を判断することは難しい。裁判所の立場によると，債権放棄を貸倒損失として損金計上できる場合は，極めて限られている。

納税者の主張

　法人税基本通達9－6－1(4)は，①債務者の債務超過の状態が相当期間継続していること，②金銭債権の弁済を受けることができないこと，③債務者に対し書面により「債務免除額」が明らかである場合に，貸倒損失の計上が認められると規定している。納税者は，①及び②の要件を備えていることから，③の要件を充足するため，通知を作成したものであり，通知は，私法上の債務免除の効力を発生させることを意図した私法上の行為ではない。

　債務超過か否かを判断するための土地の時価評価の方法として，公示価格を強制することには法的根拠がない。地価下落の可能性があることや，人権

侵害を行う場合には固めの時価が求められることから，路線価を用いるべきである。

課税庁の主張

債権放棄の意思表示が，貸倒損失の計上を税務署に認容されることを停止条件としていたことを窺わせる証拠はないし，納税者の取締役会において，Aに対する債権が回収不能であり，期中に全額処理する旨の報告があったこと，Aが立替金債権を弁済しておらず，納税者もその履行を請求した形跡がないことから，私法上の債権放棄の意思があった。

債権放棄を受ける者が債務超過の状態にあるか否かを判断する場合には，その者の保有する資産の実際の価値である，時価相当額に基づき評価する必要があるから，時価に比べて低額となっている路線価を用いるのは妥当ではなく，土地の時価を表す地価公示価格を用いるべきである。

裁判所の判断

① 通知には，納税者がAに対して有する債権を放棄する旨が記載されており，平成13年1月及び2月に開催された納税者の取締役会においても，Aに対する立替金債権が回収不能であるから当期中に損金処理することが確認されていること，納税者は，平成13年2月21日付で立替金債権を「その他特別損失」勘定に計上したこと，A所有の建物に対する賃料につき，納税者は，立替金債権と相殺していたが，平成13年4月以降Aに対し賃料の支払いをしていることは認定のとおりであり，納税者は，Aに対し立替金債権を放棄したものであって，債権放棄の私法上の効果を発生させることを意図していなかったことを窺わせる事情はない。

② 法人税基本通達9－6－1(4)は，債務者が債務超過の状態にあるなどの要件を満たす場合に，債権者が債務免除をし，その額が書面により明らかにされている場合に，同額を貸倒れとして損金算入することを認めるものであり，実際には債務免除をしていないのに書面で債務免除額として債権額が示

されればその損金算入を認めるものではない。納税者は，通達に該当するとして，立替金債権を損金算入して法人税の申告をしたのであるから，税務申告に際しては，実際にAに対し債務免除をしたことを表示しているものというべきであり，私法上の債務免除を行っていないにもかかわらず税務申告上これを債務免除したとして申告をしているものと解すべき事情は見当たらない。

③　納税者が，Aに対してした通知は，単に立替金債権を放棄するというにすぎず，納税者において，その後の税務申告の処理上，放棄した債権額を損金算入することが認められるかどうかは，債権放棄の要素ではない。また，納税者が，放棄した債権額を損金算入できるものと期待して立替金債権を放棄したことがAに対し明示的に表示されていたことを認めるに足りる証拠はないし，納税者が立替金債権を放棄するにつき，Aに対し，通知を送付した以外に何らかの接触をしたことは窺われないから，納税者の期待が黙示的にAに表示されていたものとも認めがたい。

④　債務者が債務超過の状態にあるかどうかは，その保有する資産をもって債務の返済が可能かどうかを判断すべきであり，そのためにAの資産を評価するのであって，Aが保有する不動産に課税するための評価ではなく，Aが債務超過と判断されるか否かによってAに対する課税内容に影響があるものでもないから，その評価に際し，固めの価格によらなければ，人権侵害に当たるというものではない。そして，納税者が行った債権放棄における債権額を損金に算入することを認めるか否かを判断するにあたり，Aの資産価値を地価公示価格の80パーセントを目途とした価格とされている路線価により評価するなど控えめに評価すべき必要性はない。

（谷口　智紀）

CASE 21 回収不能といえない債権放棄

(参考)
宇都宮地方裁判所　H15.5.29 判決　TKC28130653／TAINS Z253-9355

[争点]
① 債権放棄は貸倒損失として損金算入することができるか
② どのような債権放棄が法人税法上の寄附金に該当するか

　本事案は，2億5,000万円の貸付債権を債権放棄通知書にて放棄した納税者が，貸倒損失として損金に算入し，法人税を申告したところ，課税庁が損金算入を認めず，寄附金と認定して更正処分等を行ったことから，その取消しを請求した事案である。
　裁判所の判断要素からすると債務者の弁済可能性を特に重視している。
　A社は栃木インター周辺に物流センターを建設する計画が持ち上がったことから，インター周辺の土地を買収して開発，分譲することを目的として，信用金庫の理事長の取りまとめで，同金庫の融資先の経営者達3人と納税者で設立された。A社は設立後その周辺土地の買収を進めると同時に，小山市の割烹料理店を買収してその敷地にマンションを建設し販売する計画を始めた。
　計画によると料理店の株式を保有する老舗百貨店から直接購入するのではなく，Bを通して購入するということであった。A社はBとの間で，株式を42億4,000万円で買い受ける売買契約書を取り交わすとともに，手付金5億円を支払った。その後当初の期限までに引渡しができなかったことから，再度，期限を延長した売買契約を締結し，内金として10億円をBに支払った。
　この10億円については，信用金庫が，融資枠の関係でA社に対し直接融資を行うことができなかったことから，信用金庫が，A社の納税者を含む設立関

係者4人に対し，各2億5,000万円を融資し，それをそのままA社に貸し付ける形で調達された。

結局，Bは株式の引渡しをすることができなかったので，A社はB及びBの連帯保証人Cに対し，15億円を請求する別件訴訟を提起した。

納税者は，平成8年6月24日，債権放棄を内容証明郵便で通知したが，その直前の6月12日に栃木市はインター周辺の開発基本計画を発表した。同計画にはA社が購入していた土地が含まれていた。

別件訴訟の控訴審では，手付の放棄による契約解除を理由とした10億円の請求に訴えを変更し，平成13年5月，A社勝訴の判決が確定した。

その後，Bからは一切弁済がなされていないものの，Cは2,825万円をA社に弁済した。

納税者の主張

A社が購入した土地は市街化調整区域内にあるため開発が不可能であり時価評価ではほとんど価値がなく，虫食い状態に地上げされているため利用価値も全くない。したがって，貸借対照表上は資産として計上されているものの，実際の資産的価値は極めて低く，債務超過額は極めて大きい。また，A社は売上高が5期連続で計上されておらず，営業利益は大きく赤字のままであり，借入先等に対しても利息さえほとんど支払っていない。債権が「弁済を受けることができないと認められる場合」にあることは明らかである。

仮に，債務者の完全な資力喪失の状態が認定できず，債権放棄の損金算入が認められないとしても，その債権放棄に贈与意思が認められない場合には，弁済が極めて困難な状況下でされた企業としてやむを得ない債権放棄といえるから，寄附金とみることは許されない。すなわち，債権放棄の理由が任意の利益処分にとどまらず，経済的にみて合理的であり，税法上これを損金としないことが納税者にとって不合理な結果を招くと認められる場合には，その無償性を否定して寄附金に該当しないとすべきである。

債権放棄は，不良債権を早期に償却し，取引先等から一層の信頼を得ることで安定的かつ有利な取引を図る目的でなされたものであり，合理的な経営判断としてなされているのであるから，寄附金に該当しない。

課税庁の主張

債権放棄については，A社に債務超過の状態が相当期間継続していた事実は認められるものの，(1)A社は土地等の資産を有している，(2)債務超過の金額は土地等の資産に比較して多額なものではない，(3)別件訴訟が係属中であり，その後，A社の勝訴が確定し，その債権の一部について回収が図られているから，債権放棄当時，債権の全額が回収できないことが明らかではなかった，(4)納税者以外の債権者のうち，返済を受けた１社以外の２社は未だ債権放棄を行っていない，(5)納税者はA社に対し特に債権回収の手続をとっていない，(6)A社は債権放棄以降２回にわたり増資を行うなど事業継続の意思が認められる，(7)債権放棄の時点で，A社は人件費，家賃等の固定経費及び金融機関からの借入金利息を支払っている，などを総合考慮すると，債権放棄時点において，納税者がA社から債権の弁済を受けられないことが客観的に確実な状態であったということはできない。

したがって，債権を貸倒損失として損金の額に算入することはできない。

納税者は，別件訴訟に勝訴したとしても債権を回収できないことは明らかであったと主張するが，別件訴訟が提起されていることから，A社の出資者全員が10億円の回収ができなくてもやむを得ないと考えていたわけではないことが明らかであるし，債権放棄の時点では別件訴訟が係属中であり，A社がBに対する債権の回収に努めていたといえるから，別件訴訟が確定し，A社が前渡金を回収できないことが確実にならない限り，A社に債権の支払能力がないことが客観的に確実な状態になったということはできない。また，Cも被告となっており，A社が勝訴すれば，Cからも金員の返還を請求することができるから，このような点を考慮しない納税者の主張は失当である。

法人が支出した寄附金の中には，たしかに法人の事業を円滑に推進するた

めに支出され，実質的には法人の収益を生み出すために必要な費用としての性格を有するものも存在するところ，法人がその支出した寄附金についてどれだけが費用としての性質を持つか客観的に判断することは極めて困難であるから，法人税法は行政的便宜及び公平の維持の観点から統一的な損金算入限度額を設けているのである。

したがって，債権放棄についても，その放棄が経済的利益の贈与又は無償の供与に当たる場合，すなわち，回収不能とみるべき客観的事情のない債務者に対する債権を放棄したような場合には，経済的価値を有する債権を任意に処分したことにほかならず，寄附金の支出に当たる。

裁判所の判断

① 債権が回収可能であるか否かは，債務者の資産のみならず返済能力に依存することからすれば，税務計算上，損金の額に算入される金銭債権の価値減少は，当該金銭債権が消滅したか，又は回収不能の事実が発生した場合に限られる。また，回収可能であるか否かの判断は，債務者の返済能力という不可視的事由にかかわるから，その判断の公正を期するためには客観的かつ外観的事実に基づいて行われることを要する。

② 法人税基本通達9－6－1(4)のいう「弁済を受けることができないと認められる場合」とは，債務者において，破産，民事再生，強制執行等の手続を受け，あるいは，事業閉鎖，死亡，行方不明，刑の執行等により，債務超過の状態が相当の期間継続しながら，他から融資を受ける見込みもなく，事業の再興が望めない場合はもとより，債務者にそのような事由がなくとも，債務者の債務超過の状態が相当期間継続し，資産及び信用の状況，事業の状況，債権者による回収努力等の諸事情に照らして当該債権が回収不能であることが客観的に明らかである場合をいう。

③ この点，納税者は当該債権全額が経済的に無価値であることを要せず，損金算入の基準はより緩和されるべきであると主張する。しかしながら，通達においても，放棄される部分については経済的に無価値となっていること

を要するというべきであるから，損金算入の認定基準が緩和されるものではない。

　債権放棄の時点において，A社は事務所を有して従業員を雇用し，所期の事業を継続していたほか，B及びCに対して，15億円の返還を求める別件訴訟を提起し，訴訟が未だ係属中であったのであるから，勝訴判決を得ることにより，法的手続による債権回収の可能性があったと認めるのが相当である。債権放棄の時点で，債権が回収不能であることが明らかであると認めることはできない。

④　A社は債務超過の状態が継続していたのであるが，栃木インター周辺の開発基本計画が債権放棄の直前に発表されたことからすれば，債権放棄の時点で，A社が保有する土地について将来転売できる可能性が全くなかったとまではいえない。また，A社は第4期以降売上げを計上していないものの，これは同社の経営状態に係わる事柄であって，これをもって債権が回収不能であると直ちに認めることはできない。

⑤　回収不能とはいえない債権を放棄した場合，その実質は経済的価値を有する債権を任意に処分したことになり，他方，債務者にとっては，経済的利益の無償供与があったといえる。

⑥　回収不能でない債権を放棄した場合には，その放棄が債権者のいかなる事情に基づくかによらず，債務者にとっては経済的利益を無償で受けたことになるのであり，かかる点からすれば，債権者の動機の如何を問わず，回収不能でない債権を放棄した場合には，寄附金に該当する。

（小野木　賢司）

CASE 22 金銭債権の事実上の貸倒れと損金算入の認定基準—興銀事件

(参考)
東京地方裁判所　H13.3.2 判決　TKC28060496／TAINS Z250-8851
東京高等裁判所　H14.3.14 判決　TKC28070932／TAINS Z252-9086
最高裁判所　H16.12.24 判決　TKC28100148／TAINS Z254-9877

[争点]
① 金銭債権の事実上の貸倒れと損金算入の認定基準
② 金銭債権の貸倒れが全額回収不能であることの事実認定

　銀行である納税者，A銀行，証券会社3社の母体5社等が発起人となって，昭和51年6月，住宅金融専門会社であるB社が設立された。母体5社は，B社に役員及び従業員を出向させ，B社の代表取締役は，同56年6月以降，納税者の出身者が務めた。母体5社のB社に対する出資比率は，同62年10月以降，独占禁止法11条で許容される上限の5％であった。B社は，金融機関から融資を受けてそれを貸し付ける営業形態を採っていたが，納税者からの借入れが最も多かった。

　住専各社は，バブル経済の崩壊により事業者向け融資債権が不良債権化する等の影響を受け，平成3年以降，財務状況が急激に悪化した。そこで，B社は，同4年5月，事業計画（第1次再建計画）を策定する等した。その後も住専各社の経営環境は一層悪化したため，B社は，新たな再建計画（新事業計画）を策定した。

　しかし，その後も不動産市況は更に悪化し，金利水準も低利で推移し，同7年6月30日のB社の資産残高2兆5,151億円のうち不良債権額が1兆8,532億円に達することが判明した。そこで，母体5社は，同年9月22日，B社を整理する方針を確認した。

　納税者及びA銀は，同年9月以降，B社の整理方法について農協系統金融機

関と協議したが，大蔵省から債権額に応じた損失の平等負担を求めることは避けるように要請されていた。交渉の結果，納税者が，大蔵省の提示した処理案を受入れたことから，内閣は，同年12月19日，住専処理に係る法的措置を講ずること等の閣議決定をするなどした。

平成8年2月9日，住専処理法案が国会に提出された。しかし，C党が，平成8年度予算案に計上された住専関係予算の削除，市場原理に基づく自己責任の原則により国民に開かれた状況の中で住専問題の解決を行うこと等を内容とする方針を発表したことから，同月25日の与野党5党党首会談により国会の正常化が合意されるまで，国会審議が中断した。

納税者は，一般貸倒引当金の残高が不十分である等から，事業年度の決算において引当金不足が問題視され，商法上の責任を追及される可能性が高まった。納税者は，貸倒処理による直接償却をするほかないと判断し，事業年度に合わせて含み益を実現する目的で株式売却を平成7年11月以降積極的に行い，平成8年3月までの利益の合計は4,603億円に達した。

母体5社は，平成8年3月29日，債権放棄額を確認し，納税者及びA銀は，B社の営業譲渡の日までに同債権放棄額に対応する貸出債権を全額放棄する旨の書面を作成した。納税者は，同日，B社との間で債権放棄約定書を取り交わし，B社の営業譲渡の実行及び解散の登記が同年12月末日までに行われないことを解除条件として債権を放棄する旨の合意をした。

住専処理に係る公的資金を盛り込んだ平成8年度予算は，平成8年5月10日に成立し，住専処理法は，同年6月18日に成立，同月21日に施行された。B社は，同月26日に株主総会において，解散及び営業譲渡に関する定款の一部変更の特別決議をし，8月31日，住宅金融債権管理機構との間で営業譲渡契約を締結し，9月1日，解散した。

納税者は，B社に対し残高合計3,760億5,500万円の貸付債権を，平成8年3月29日に債権放棄し，平成7年4月1日から平成8年3月31日（平成8年3月期）までの事業年度の法人税について，債権相当額を損金の額に算入して欠損金額を132億7,988万7,629円とする申告をした。これに対して，税務署

長は，債権相当額の損金算入を否認し，法人税の更正処分等を行った。

本事案の争点は，債権放棄した債権相当額について，法人税法22条3項3号にいう「損失」が生じたとして，平成8年3月期の事業年度の損金の額に算入されるべきか否かである。

東京高裁は，同年3月末時点において，B社の資産からは少なくとも，債権が全額回収不能であったとはいえず，法的に非母体金融機関の債権に劣後するものではないとしたうえで，債権には回収不能部分があったが，解除条件付きで債権放棄がされたものであり，債権相当額は損金の額に算入できないとして，更正処分等は適法であると判示していた。

これに対して，最高裁は，法人税法22条3項3号に基づいて金銭債権の貸倒損失の額を損金算入するには，当該金銭債権の全額が回収不能であることが客観的に明らかでなければならず，債務者側の事情のみならず，債権者側の事情，経済的環境等も踏まえ，社会通念に従って総合的に判断するとの判断基準を示した。債権放棄に至る経緯，当時の状況を踏まえると，同年3月末までに，債権の全額が回収不能であることは客観的に明らかであることから，債権相当額は同年3月期の事業年度の損金の額に算入されるべきであるとの判断を下した。

法人税法では，法人が有する金銭債権の資産価値が失われた場合には，資産損失として，資産価値が失われた事業年度の損金の額に算入することができる。金銭債権の貸倒れの判定に係る明確な法規定がないことに基因した紛争が多発することから，租税法実務上は，法人税基本通達9－6－1～3が規定されており，法律上の貸倒れと事実上の貸倒れという一定の要件を充足する場合のみ，貸倒損失の損金の額への算入が認められている。

これまでの判例では，事実上の貸倒れについては，債務者側の事情を判断して，貸倒損失の全額が回収できないことが客観的になった場合のみ，損金算入が認められていた。これに対して，最高裁は，債務者側の事情のみならず，債権者側の事情，経済的環境等も踏まえ，社会通念に従って総合的に判断すべきであるとの新たな認定基準を明らかにした。

債権者である納税者が債務者の資産状況や支払能力を的確に立証することの実際上のハードルは非常に高い。債権回収が事実上不可能であり，貸倒れが事実上生じている場合には，損金算入できるべきである。この点からは，最高裁の示した貸倒損失の損金算入の認定基準は，納税者の実情を考慮したものであると評価できる。

もっとも，租税法実務上では，「債権者側の事情」を認定基準に加えた場合には，貸倒損失について納税者の恣意的な損金算入が行われるという問題が指摘できる。最高裁は，社会通念基準によって事実認定を行うことによって，この問題を解決するとしている。本事案が，我が国の政治・経済に多大な影響を及ぼした住専処理という特殊事案であることを考慮すると，本事案の事実認定が，通常実務に与える影響は小さいと考えられる。

しかしながら，最高裁が，金銭債権の事実上の貸倒れに係る損金算入の認定基準を明らかにした点には大きな意義がある。今後は，裁判例の蓄積の中で，通常業務で生じる貸倒れについて，いかなる社会通念基準による事実認定が行われるかに注意を払う必要がある。

納税者の主張

債権放棄は，早期の住専処理を実現するため，母体行債権の最劣後性を前提とした閣議決定における全関係者の「合意」に基づいて実行されており，税務上の考慮によるものではない。

平成8年3月末期に納税者が，債権の全額を「損失」として計上したことは，商法上，債権の取立不能を合理的に判断したものであり，企業会計上も適正である。法人税法22条にいう「別段の定め」がない以上，公正処理基準に基づいて計上された債権に係る損失の全額が「損失」として取り扱われるべきである。

課税庁の主張

　金銭債権の資産価値が失われる場合には，会社更生法等の法的負債整理等による債権の切捨てや債権放棄等により，債権そのものが法律上，客観的に消滅し，資産価値が消滅する場合のほか，法律上債権が存続しているが，回収が事実上不能となり，資産の価値が事実上消滅する場合がある。

　貸倒損失に係る資産損失の計上の基本的枠組みを前提とした通達の規定からは，本事案の債権放棄が「確定」し，損金と認められるのに至るとともに「相当な理由」を具備した平成9年3月期に損金算入すべきである。

裁判所の判断

①　法人の各事業年度の所得の金額の計算において，金銭債権の貸倒損失を法人税法22条3項3号にいう「当該事業年度の損失の額」として当該事業年度の損金の額に算入するためには，当該金銭債権の全額が回収不能であることを要すると解される。そして，その全額が回収不能であることは客観的に明らかでなければならないが，そのことは，債務者の資産状況，支払能力等の債務者側の事情のみならず，債権回収に必要な労力，債権額と取立費用との比較衡量，債権回収を強行することによって生ずる他の債権者とのあつれきなどによる経営的損失等といった債権者側の事情，経済的環境等も踏まえ，社会通念に従って総合的に判断されるべきものである。

②　納税者においてせいぜい修正母体行責任しか主張することができない情勢にあったことをも考慮すると，仮に住専処理法及び住専処理に係る公的資金を盛り込んだ予算が成立しなかった場合に，納税者が，社会的批判や機関投資家として納税者の金融債を引受ける立場にある農協系統金融機関の反発に伴う経営的損失を覚悟してまで，非母体金融機関に対し，改めて債権額に応じた損失の平等負担を主張することができたとは，社会通念上想定し難い。

③　B社の処理計画において，B社の正常資産及び不良資産のうち回収が見込まれるものの合計額は，非母体金融機関の債権合計1兆9,197億円を下回る1兆2,103億円とされたが，この回収見込額の評価は，閣議決定及び閣議

了解で示された公的資金の導入を前提とする住専処理計画を踏まえたものであるから，破産法等に基づく処理を余儀なくされた場合には，当時の不動産市況等からすると，A社の資産からの回収見込額が上記金額を下回ることはあっても，これを超えることは考え難い。

④　納税者が債権について非母体金融機関に対して債権額に応じた損失の平等負担を主張することは，それが債権譲渡担保契約に係る被担保債権に含まれているかどうかを問わず，平成8年3月末までの間に社会通念上不可能となっており，当時のB社の資産等の状況からすると，債権の全額が回収不能であることは客観的に明らかとなっていたというべきである。そして，このことは，債権の放棄が解除条件付きでされたことによって左右されるものではない。

（谷口　智紀）

第2章
所得税法における貸倒損失

CASE 23 　債務者が死亡した場合

(参考)
秋田地方裁判所　H17.10.28 判決　TKC25420315／TAINS Z255-10184

[争点]
① 　金銭債権の債務者が死亡し，相続人が不存在である場合に金銭債権の全額が回収不能となった（事実上の貸倒れ）場合の判断基準
② 　「その債務者の資産状況，支払能力等からみてその全額が回収できないことが明らかになった場合」の判断基準

　本事案では，債務者は昭和63年10月に破産手続が終結し，平成9年10月に死亡している。納税者は，債務者が死亡し，その相続人の不存在が確認されたことを理由として，平成10年3月期に債権の貸倒れを認定し，これに基づく経理処理をした。
　裁判所は，破産手続が終結した昭和63年3月期には，貸倒損失として損金処理をすべき状況が生じていたと指摘し，納税者の役員が，税務調査に際し，多額の赤字を一度に貸倒処理することによる倒産を回避するため，債権の損金算入について一定の操作をした旨を申し述べたことを認定している。しかし，裁判所は，結局，納税者が，貸倒れと認定して損金算入をしなかったのは，全額回収不能を認識していなかったからではなく，損金算入をしないという経営的判断に基づくものであったと断じている。
　確かに債務者の相続の開始（相続放棄）により債務者の有する債務が消滅するという考えは，説得力があるという見方もできる。債務者の経営不振により，継続的な取引を行っていた債務者の支払能力等が悪化したため，取引を停止した期間が継続し，債務者の死亡により債権の回収が不能となったという構図で

ある。ただ破産手続の終結により債務も法的に免責されたことは事実であり，これを覆す方策はない。税務の取扱いで，この免責を受けて法律上の貸倒れを容認しているわけであり，これに勝る基準がない以上，納税者の主張は斥けられるしかない。

納税者の主張

　債権は，債務者が死亡し，その相続人の不存在であったことにより，法律上消滅した。債権の貸倒損失は，この時に生じた。仮に，債務者の死亡が債権の法律上の消滅事由とならないとしても，この事実は，貸倒損失による損金算入の事由となる。法人税基本通達９－６－２は，「法人の有する金銭債権につき，その債務者の資産状況，支払能力等からみてその全額が回収できないことが明らかになった場合」と定めるが，債務者の死亡は，この事由に該当する。

課税庁の主張

　債権は，債務者の死亡や相続人の不存在によって消滅することはない。これらの事実は，民法上の債権の消滅原因に該当せず，これにより債権が消滅する旨を規定した法令も存在しない。遅くとも債務者の破産手続が終結した事業年度には，貸倒損失として損金処理をすべき状況が生じていた。すなわち，法人の有する金銭債権は，債務者に対する破産手続終結や免責決定があった場合，特段の事情のない限り，その全額が回収できないことが明らかになったものというべきであり，その事由の生じた事業年度における貸倒れと認定して損金算入をすべきである。貸倒れの認定の時期を遅らせて，損金算入をすることは，公正妥当な会計処理の基準に反し，許されない。

裁判所の判断

①　納税者は、債務者が死亡し、その相続人も不存在であったことによって、債権は法律上消滅した旨主張するが、金銭債権は、債務者の死亡や相続人の不存在によって消滅するものではないから、納税者の主張は、その前提を欠き、採用することができない。

②　法人税法22条3項3号の「当該事業年度の損失の額」とは、当該事業年度において、その全額が回収不能であることが客観的に明らかとなったものに限られると解すべきである。そして、この回収不能とは、当該債権が消滅した場合のみならず、債務者の資産状況、支払能力等から当該債権の回収が事実上不可能であることが明らかになった場合も含むものであり、それゆえ、当該債権の回収が事実上不可能であることが明らかになった場合には、その事業年度において直ちに損金算入を行うべきであって、これに代えて、その後の事業年度において損金算入をし、もって利益操作に利用するような処理は、公正妥当な会計処理の見地からも許されないと解すべきである。

③　「その債務者の資産状況、支払能力等からみてその全額が回収できないことが明らかになった場合」に該当するか否かの判断にあたっては、債務者の財産及び営業の状態、債務超過の状況、その売上高の推移、債務者の融資や返済等の取引状況、債権者と債務者の関係、債権者による回収の努力やその手段、債務者の態度等の客観的事情に加え、これらに対する債権者の認識内容や経営的判断等の主観的事情も踏まえ、社会通念に従って総合的に判断されるべきである。

④　債務者は、自己破産の申立てをした時点では、既に、主要な不動産、動産を手放し、納税者に対する返済も停止していたほか、他にも7名の債権者の債務を負担して、債務の返済能力を喪失していたというべきであり、その後の状況をみても、納税者は、破産手続後にまで営業を継続していたとはいえ、債務の弁済資金を獲得することができるような売上げを得ていたわけではない。そうすると、客観的な情勢をみる限り、遅くとも乙に対する破産手続の終結した時点においては、債権について、その全額が回収できないこと

が明らかとなっていたというべきである。

⑤　納税者は，代物弁済及び動産売買の一方の当事者として，債務者の保有するめぼしい資産が喪失したことを認識していること，別件損害賠償請求事件の訴状において，債務者の自己破産の申立ての事実を認識しているものと自認しているのであって，そうすると，納税者は，債務者の資産状況，支払能力等を基礎付ける重要な事実を認識していたのであって，債務者の破産手続終結のころまでには，債権の全額が回収できないことを認識するに至っていたものと認めるのが相当である。

（林　仲宣）

CASE 24 貸倒損失の認定基準

(参考)
松山地方裁判所　H17.4.26 判決　TKC25420166／TAINS Z255-10010

[争点]

金銭貸付債権が法律上消滅又は事実上回収不能な状態の判断

　本事案の納税者は，パン・餅製造小売業，不動産貸付業及び貸金業を営む白色申告者である。ただし，原告は貸金業の規制等に関する法律に基づく登録をしておらず，同法上の認可を受けた正規の貸金業者ではない。

　納税者は，貸付債権（利息等を含めて合計約6,120万円）がそれぞれ回収不能となったとしてこれら債権を放棄し，貸倒損失として各貸付債権相当額を必要経費に算入して申告した。課税庁は，納税者に対する所得税等調査を行い，納税者が貸金業に係る貸倒損失に該当するとして必要経費に算入していた数額等について問題点を指摘した。納税者は，貸倒損失の必要経費算入の点については是正しなかったため，更正処分等を受けたことから，これら処分の取消しを求めた事案である。

　本事案では，貸倒損失の計上時期について債権者の判断に任せられていると納税者は主張した。結果として，裁判所は恣意的な判断として排斥しているが，貸倒損失の認定基準に対する基本的な考え方を明示している。

納税者の主張

　所得税法51条2項は，個人事業者において貸付金等の営業上の債権が債務者の弁済能力の喪失等の事由によって回収不能となったときには，その債権は貸倒れによる損失として，債権者が行う課税所得の計算上貸倒れと債権者が認定した日の属する事業年度の必要経費の額に算入することを認めている。

　所得税法上の貸倒れの事実の認定についての同法，基本通達，慣例による一般的基準とその税務処理上の区分は次のとおりである。

（ア）　貸金債権の全部又は一部が法的手続により切り捨てられた場合，すなわち法律上の貸倒れの場合は，当該債権は絶対的に消滅したわけだから，経理のいかんにかかわらず，貸倒損失として必要経費に算入される。

（イ）　債権者集会の協議決定等で合理的な基準による債務者の負債整理が行われ，債権の全部又は一部が切り捨てられることになった場合，又は債務者の債務超過の状態の相当期間の継続により回収困難な債権につき，債権者が債務免除又は債権放棄の意思表示を行った場合，すなわち債権者が行った法律行為によって貸倒れとなった場合は，その法律行為たる債務免除等をした時点で当該債権は消滅し，債務免除等において書面によって通知した免除額等が貸倒損失として必要経費に算入される。

　ただし，この場合にあっても，債務者にその資産状況，支払能力等からみて，いまだ回収の可能性を残しており，その債権の放棄が債務者である相手方に対する経済的利益の供与と認められるときは寄附金とされる。

（ウ）　貸金債権の全額が債務者の資産状況，支払能力等から見て経済的に無価値化し，回収できないことが明らかになった場合，すなわち事実上の貸倒れとなったときは，その債権全額に相当する額につき貸倒損失として必要経費への算入が認められる。

（エ）　相手方となる債務者に保証人，債務引受人等の人的担保のある場合には，これら全ての者につき主たる債務者同様の弁済能力の喪失，回収不能等諸要件が完備されることを要する。

（オ）　物的担保の存する場合，全ての物的担保の処分後であることを要する。

　上記（イ）の場合の貸倒れの要件としては，「債務超過の状態の相当期間の継続」「回収困難な債権」とされるだけで，その具体的内容について特段の定めはない。消滅時効の完成した債権を貸倒債権から除外するとの定めもない。また，債務免除等の際には，債権者が通知した免除額等が貸倒損失とされているところである。

　所得税法は貸倒処理のために厳しい要件を課す一方で，債権者が貸倒処理をしていない場合，その事業者の意思を尊重して，当該債権が存続するものとして扱うことを予定しているといえる。これらに照らすと，貸倒処理をするか否か，するとしてその時期をいつにするか等については，いずれも債権者の判断に任されているというべきである。

課税庁の主張

　所得税の納税義務者である個人においては，生産活動（所得稼得行為）の主体であると同時に消費生活ないし消費経済の主体でもあるという特殊性を有していることから，個人の資産については，その所得の創出に対する寄与の態様によって，事業用資産，生活用資産及びこれらの中間に位置付けられる資産（たとえば，素人下宿，知人に対する貸金など）の３態様の資産を観念することができる。

　所得税法51条は，このような各種態様の資産に係る損失の取扱いについて通則的に定めており，同条１項及び２項では，事業用資産の損失は任意の取り壊しも含めて，その損失の原因を問わず，これを必要経費に算入するとし，一方，所得を生む基因とならない生活用資産の損失は，一定の条件の下で所得控除として雑損控除が認められるにすぎず（所得税法72条１項各号），また，中間に位置付けられる資産に係る損失については，必要経費への算入が無制限に認められるわけではなく，その年にその資産から所得を生じている場合に限り，その所得の金額を限度として必要経費への計上が認められて

いる（所得税法51条4項）。

　所得税法51条2項の趣旨に照らして検討すれば，事業所得上の必要経費として，所得税法51条2項所定の貸倒れが認められるためには，以下の要件が具備されることを要すると解すべきである。

(ア)　第1に，その債権が事業遂行上生じた債権であることを要する。

　なお，仮に，納税者の事業内容から，当該債権が事業所得に該当せず，雑所得に該当する場合には，当該債権の貸倒損失は雑所得の金額の範囲内でしか必要経費に算入できず，他の所得との損益通算はできない（損失を他の所得から控除できない。所得税法69条参照）。

(イ)　第2に，債務者が破産しあるいは私的整理に委ねられた場合等のほか，債務者の債務超過の状態が相当期間継続し，その債権の弁済を受けることができないと認められる場合において，債権者が債権放棄，債務免除等その債権を整理する意向を表明したとき又は債務者の事業閉鎖，所在不明その他これらに準ずべき事情が生じ，その債務者の資産状況，支払能力等からみて債権全額の回収の見込みがないことが確実になっていることを要する。

(ウ)　第3に，回収が困難な債権につき，任意の時期に貸倒れとして必要経費への算入を肯定した場合，恣意的な経費計上を許すこととなり，適正公平な課税の実現を阻害することになり相当でないため，債権の回収困難を貸倒れと評価するためには，その年中において，当該債権につき前記のような回収不能状態が初めて生じたものであることを要するというべきである。

　所得税法51条2項所定の貸倒れの意義について上記のとおり解するとしても，いかなる債権について，いかなる事実が発生したときに貸倒れが生じたといえるかは，一義的に判断できる性格のものではないことから，課税実務上は，所得税基本通達51－11及び同51－12の定めるところにより，債権の貸倒れといえるか否かの判断を行っているところであり，同基準は，通達によるものではあれ，その内容自体合理的であって，本事案の判断にあたっても斟酌されるべきものと解される。

裁判所の判断

① 所得税法51条2項は,事業所得を生ずべき事業について,その事業の遂行上生じた貸付債権等の貸倒れにより生じた損失の金額は,その損失の生じた日の属する年分の事業所得の金額の計算上必要経費に算入する旨を規定するところ,この規定に基づいて,債務者の資力の悪化を理由として貸倒損失を計上するためには,債権者の事業の遂行上生じた貸付債権等につき,その債務者の債務超過の状態が相当期間継続し,その弁済を受けることが困難であると認められる状況において,債務者に対し債権放棄の意思表示をするなどして当該債権が法律上消滅した状態(以下「法律上消滅した状態」という)が当該年度中に生じること,又は,その債務者について事業閉鎖,所在不明その他これに準ずる事情が生じるなど,その資産状況,支払能力等からみて貸付債権等の全額が回収できないことが客観的に確実となり,法律上債権は存在するがその回収が事実上不可能である状態(以下「事実上回収できない状態」という)が当該年度中に生じることのいずれかが必要であって,特に当該貸付債権等について物的・人的担保があるときには,これを処分した後でなければ,事実上回収できない状態が生じたということはできないものと解するのが相当である。

② 納税者は,貸倒処理をするか否か,するとしてその時期をいつにするか等については,いずれも債権者の判断に任されている旨を主張するものの,債権の貸倒れの恣意的な計上を許すことは妥当でなく,この点の納税者の主張は理由がない。

(林 仲宣)

CASE 25 貸倒損失の存在の合理的な推認

(参考)
国税不服審判所　H21.12.16裁決　TKC26012309／TAINS J78-2-09

[争点]
貸倒損失の存在をある程度合理的に推認させるに足りる立証

　本事案では，貸金業を営む納税者が，平成17年分の事業所得の計算上，甲社に対する貸倒損失を必要経費に算入することができるか否かが問題となった。
　納税者は平成9年に甲社に対して1,640万円を貸し付けたが，平成16年12月25日，甲社に弁済能力がないものと判断し，これを放棄するものとし，翌平成17年に書留内容証明郵便でその旨を甲社に通知した，として甲社へのこの債権に関する貸倒損失は平成17年分の必要経費に算入できると主張した。なお納税者は，平成9年分から平成16年分までの所得税の確定申告において，甲社に対する貸付金に係る利息収入を事業所得の金額の計算上，総収入金額に算入していなかった。
　納税者は様々な書類を提出し甲社に対する債権が存在していて，それが平成17年に貸し倒れたことを主張した。
　しかし審判所は，事業者においては，貸倒損失の内容を熟知し，これに関する証拠も事業者が保持しているのが一般であるから，事業者において貸倒損失となる債権の発生原因，内容及び帰属並びに回収不能の事実及び時期等について具体的に特定して主張し，貸倒損失の存在をある程度合理的に推認させるに足りる立証を行わない限り，事実上その不存在が推定されるものと解するのが相当であるとした。その上で，甲社借用証書は平成14年5月10日付であるが，甲社債権確認書では平成9年11月20日及び25日に甲社が借り入れたことに

なっているなど書類の信用性に疑いがあり，貸倒損失となる債権の発生原因，内容及び帰属並びに回収不能の事実及び時期等について，具体的に特定して主張し，貸倒損失の存在をある程度合理的に推認させるに足りる立証を行っているとはいえないと指摘した。

審判所の指摘するように，事業者が貸倒損失の内容を熟知し，証拠も事業者が保持しているのが一般的といえる。貸金業を営んでいるのであればなおさらであろう。本事案ではそれらの書類の信用性に疑いがあるとされてしまった。確かに，貸し付けたとされる日が書類によって数年も違うなど疑わしい部分が多い。約1,600万円という大きな金額が動いており，出納帳や預金通帳等をたどっていけば金銭の動きを過去に遡って把握することはできそうであるが，そういった主張もされなかった。

また，申告をしていれば帳簿も有力な証拠となっただろうが，納税者は甲社への債権についての利息を申告していなかった。そこまで言及はされていないが，納税者の帳簿には貸し付けたという事実も貸付金の残高も記載がなかったのではないだろうか。

個人とはいえ，帳簿の記帳と書類の保存の重要性を改めて示したといえるだろう。

納税者の主張

甲社に対する貸倒損失の金額を事業所得の金額の計算上必要経費に算入することができる。

納税者は，平成9年11月20日及び同月25日に甲社に対して合計金額1,640万円を貸し付け，平成16年12月20日現在においても同額の貸付債権を有していた。

納税者は，平成16年12月25日，甲社が貸付債権の弁済に応じないこと，甲社に弁済能力がないものと判断されることから，1,640万円の貸付債権を放棄し，平成17年3月○日付の書留内容証明郵便でその旨甲社に通知した。

課税庁の主張

　貸倒損失の存在を合理的に推認させるに足りる事実が存在しないので，甲社に対する貸倒損失の金額は，事業所得の金額の計算上必要経費に算入することはできない。

　納税者は，納税者の平成11年分から平成16年分までの所得税の調査（以下「前回調査」という）において，甲社の債権確認書及び甲社に対する債権放棄通知書以外に債権債務に係る帳簿書類を提示せず，また，具体的な説明をしなかった。

　前回調査において，調査担当者が，甲社の代表者であったeに甲社と納税者の取引内容を確認したが，取引内容は明らかではなかった。

審判所の判断

①　貸倒損失は，通常の事業活動によって必然的に発生する必要経費とは異なり，事業者が取引の相手方の資産状況について十分に注意を払う等合理的な経済活動を遂行している限り，必然的に発生するものではなく，取引の相手方の破産等の特別の事情がない限り生ずることのない，いわば特別の経費というべき性質のものである上，貸倒損失の不存在という消極的事実の立証には相当の困難を伴うものである反面，事業者においては，貸倒損失の内容を熟知し，これに関する証拠も事業者が保持しているのが一般であるから，事業者において貸倒損失となる債権の発生原因，内容及び帰属並びに回収不能の事実及び時期等について具体的に特定して主張し，貸倒損失の存在をある程度合理的に推認させるに足りる立証を行わない限り，事実上その不存在が推定されるものと解するのが相当である。

②　納税者は，当審判所に対し，甲社債権確認書，甲社債権放棄通知書，甲社領収証及び手形等を提出した。

③　しかしながら，(イ)甲社債権確認書に記載された年月日又は甲社借用証書の作成時点で甲社に対する金銭の貸付けが存在すれば，貸金業を営む納税者において，甲社からの利息収入が全くないことは考えられないが，納税者

は，平成9年分から平成16年分までの所得税の申告において，利息収入を事業所得の金額の計算上総収入金額に算入していないこと，(ロ)貸金業を営む者が第三者に金銭を貸し付けるにあたり，通常，利息や弁済方法を約定しないことは考えられないが，甲社借用証書には利息や弁済方法の記載がないこと，(ハ)納税者は甲社に対して1,640万円を貸し付けた旨主張しているにもかかわらず，甲社借用証書と甲社債権確認書の債権の発生年月日が4年以上相違し，金額も相違していること，(ニ)甲社領収証の発行者は「q市○○町○○－○甲社e」と手書きされ，「e」の個人印が押されているところ，同日作成された甲社借用証書に，甲社のゴム印及び代表者印が押されており，同一日に作成された各書類としては不自然であることからすれば，納税者が提出したこれらの書類等の信用性には疑いが残るといわざるを得ない。

④　納税者は，手形等により，いかなる事実を証明しようとするのか明らかにしない。

⑤　納税者は，貸倒損失となる債権の発生原因，内容及び帰属並びに回収不能の事実及び時期等について，具体的に特定して主張し，貸倒損失の存在をある程度合理的に推認させるに足りる立証を行っているとはいえない。

⑥　納税者が主張する甲社に対する貸倒損失は，事実上その不存在が推定されるから，当該貸倒損失の金額を事業所得の金額の計算上必要経費に算入することはできない。

（高木　良昌）

CASE 26　貸倒損失の必要経費該当性の判断

(参考)
東京地方裁判所　H16.9.14 判決　TKC28141302／TAINS Z254-9745
東京高等裁判所　H17.2.9 判決　TKC25420100／TAINS Z255-09930
最高裁判所　　　H17.6.23 決定　TKC25420205／TAINS Z255-10061

[争点]

事業遂行上生じた債権の判断基準

　納税者は弁護士業及び不動産業を営む個人事業者である。納税者は兄が代表を務めるＡ社が破産したことに伴い、Ａ社に対する貸付金等約２億円（①）、Ａ社に対する弁護士報酬等の未収金（②）等を貸倒損失として計上した。

　裁判所は当該債権から生じた貸倒損失は必要経費に算入できないとして、一審、二審、最高裁とも納税者の訴えを棄却した。

　所得税法51条２項は資産損失の必要経費算入について、「居住者の営む不動産所得、事業所得又は山林所得を生ずべき事業について、その事業の遂行上生じた売掛金、貸付金、前渡金その他これらに準ずる債権の貸倒その他政令に定める事由により生じた損失の金額は、その者のその損失の生じた日の属する年分の不動産所得の金額、事業所得の金額又は山林所得の金額の計算上、必要経費に算入する。」と規定している。裁判所はここにいう必要経費には、事業と直接関連を持ち、事業遂行上客観的一般的に通常必要な費用が該当すると示している。

　①の債権については、土地に関する賃貸借契約が貸付けを条件として締結されたものであっても、借地人が地主に金銭を貸し付ける行為は一般的に行われている行為とはいえないことから、客観的一般的に通常必要とは認められない債権であると判示している。通常必要性の基準の判断に法的な疑問が残るが、結果的に貸付けが事業遂行上の損益に関連したとしても、貸金業以外の事業を

営む個人事業者が金銭の貸付けを行い、その貸付けが事業に直接関連し、通常必要と認められる債権であることを立証することは極めて困難であると考えられる。

また、②の債権のように回収が困難な未収金を貸付金に振り替え、金銭消費貸借契約を締結することで元本及び利息の回収を試みるケースも考えられる。しかし未収金はサービス提供の対価に係る信用取引であるのに対し、貸付金は資金の融通を意味する債権であって、その性格は全く異なるものである。したがって本事案のように単に資産科目間の振替であっても未収金という債権が消滅し、新たに貸付債権が発生したと認められることになり、法解釈上、事業遂行上生じた債権か否かの判断も異なるため十分な注意が必要である。

納税者の主張

納税者は、土地についてA社との間で賃貸借契約を締結し、その契約において納税者がA社に対して5,000万円の借地権設定に係る権利金を支払うこと、賃貸借継続期間中はA社が土地を担保に提供することを条件に2億円までの継続的な貸付けを行うことが条件とされていた。借地人が地主に対して金銭を貸付けたり、前渡金を渡すのは日常茶飯事であって異常な行為ではない。貸付金は、A社が法人税法施行令137条（借地権の認定課税）を受けるおそれがあったので、それを避けるために同条に定める「相当の地代」をA社が得られるようにするために貸したものであって、賃貸借契約と密接な関連性を有する。

納税者は、A社の顧問弁護士となり顧問料を得ていた。未収分はA社に対する貸付金に振り替えられ、その後のA社の解散により回収不能となったものであるが、未収金であっても貸付金であっても納税者の事業の遂行上生じた損失であることは異ならないのであるから、貸倒損失として必要経費に算入されるべきである。

課税庁の主張

　賃貸借契約にあたり，納税者がA社に2億円を貸し付けていたことは証拠上認められないし，仮に貸付けの事実があったとしても，土地の借地人が土地の所有者に対し億単位の多額の貸付けを行わなければならない必然性は通常認められない。

　納税者は，A社に対する長期間にわたる多額の金銭貸付けに関し，納税者とA社との間で金銭消費貸借契約を全く作成していないのであって，当該貸付けは納税者の親族を代表者とするA社の運転資金にあてるものにすぎない。

　納税者は作成して備え付けるべき売上帳又は売掛帳を備え付けておらず，納税者の該当年における青色決算書の貸借対照表には売掛金，未収金，未収顧問料等の記載は全くない。したがって当該債権の未収状況の根拠となる帳簿に基づく立証がなされていない。

裁判所の判断

① 所得税法51条2項にいう必要経費とは，所得を得るために必要な支出のことを意味するものであるが，ある支出が必要経費として控除され得るためには，それが事業活動と直接の関連をもち，事業の遂行上必要な費用であることが必要である。そして事業遂行上必要であるか否かは，関係者の主観的判断ではなく，客観的一般的に通常必要とされるものと認められるかどうかを基準として判断すべきものと解される。

② 本事案において，不動産業を営むにあたって地主に多額の資金を貸し付けることが事業者にとって客観的一般的に必要とされる行為であることは認められないし，借地人が地主の課税負担回避に協力することを動機として地主に金銭の貸付けを行うことが一般的に必要とされていると解することもできない。

③ A社に対する貸付は，納税者とA社との特殊な関係によるものと理解するのが相当であり，納税者の不動産事業遂行上客観的一般的に必要なものであったとは到底認めることができない。

④ 納税者のA社に対する弁護士顧問料債権等が貸付金に振り替えられた事実及びその金額は納税者の提出する証拠からは明確とはいえないが，それをおいても当該債権が弁済されたこととなって消滅し，新たな貸金債権が発生したことになるのであり，新たな貸付金が弁護士業の遂行にあたって顧問先であるA社に対して貸付けを行うことが事業遂行上客観的一般的に必要であるとは認められない。

⑤ 弁護士顧問料債権等が貸付金に振り替えられたということは，単に会計上の名称が変更されたというのみならず，未収金と貸付金では債権の性質が大幅に異なるのであるから，貸倒損失として認定されるか否かに際して取扱いを異にするのは当然のことであって納税者の主張は失当である。

(茂垣　志乙里)

CASE 27 　税理士の顧問先への貸付金

(参考)
千葉地方裁判所　H17.11.11 判決　TKC25450628／TAINS Z255-10200
東京高等裁判所　H18.3.16 判決　TKC25420329／TAINS Z256-10346

[争点]
① 税理士の顧問先への貸付等が，それ自体独立して法人税法27条1項にいう「事業」と認められるか
② 貸付等が，客観的に見て税理士業と直接関係を持ち，かつ，業務遂行上通常必要であるということができるか否か

　納税者は，平成10年に税理士として事業を開始した事業者であり，事業の概要は，税務申告，記帳代行，税務相談等である。納税者は，税理士事務所に併設して行う予定であった医療経営コンサルティング事業に関係する顧客等に対して金銭の貸付け及び債務の保証をしたが，この貸付金が貸し倒れ，また，保証債務を履行したことによる求償権が行使できなくなったとして，これらの貸付金及び求償金の額を事業所得の計算上必要経費に算入し，平成12年分及び平成13年分の所得税の各確定申告を行った。これに対して，課税庁は，これらの貸付金等の額は事業所得の計算上必要経費に算入されないとして，各年分の所得税について各更正処分及び過少申告加算税の各賦課決定処分をした。そこで，納税者は，これらの貸付金等の額は，納税者の各年分の事業所得の金額の計算上必要経費に算入すべきであり，これを算入しないことを根拠としたこれらの処分は違法であると主張してこれらの処分の取消しを求めた事案である。

　裁判所は，税理士である納税者が顧問先等に対して金銭の貸付けや保証債務をしたことにより生じた損失額を事業所得の計算上，所得税法37条1項及び

所得税法51条2項が規定する必要経費に算入するためには，納税者がした貸付け等が，それ自体独立して所得税法27条1項（事業所得）が規定する「事業」と認められるか，貸付け等が税理士としての業務遂行と密接な関係があり，その貸付け等が事業所得を生ずる税理士業の業務に関連又は付随する業務の必要経費に該当すること，すなわち，「客観的」に見て，貸付け等が税理士の業務と「直接」関係を持ち，かつ，業務遂行上「通常必要」であることを要するべきであると判断した。

　また，所得税法27条1項が規定する事業所得を生ずべき「事業」の意義については，対価を得て継続的に行う事業であり，金銭の貸付けや保証行為が所得税法上の事業に該当するか否かは，「社会通念」に照らしてその営利性，継続性及び独立性の有無によって「実質的判断」を行うのが相当であるとし，詳細な事実認定をして納税者の税理士業において損失額を必要経費に算入することはできないとした。

　実務の現場において税理士は，税理士法2条が規定する基幹業務に加えて，会社経営に関係する法務や財務についての相談及び助言などの広範囲な職務を行う場合がある。そのため，資金繰りに窮している顧問先に対して「主観的な事情」により，一時的に運転資金を貸付ける場合も想定される。しかし，納税者が主張する，貸付け等の必要性については，顧客の獲得や維持といった個人的な特別事情について事実認定され，納税者の税理士業務とは直接関係を持たず業務遂行上も通常必要なものではないとされている。税理士の顧客に対する貸付金が回収不能となり貸倒損失の可否が争点とされた過去の裁決事例や裁判例においても納税者は本事案と同様な判断基準により敗訴している。

　顧問先への貸付け等が，税理士である納税者の事業所得を得るための「客観的必要性」を立証しなければならないことからも，顧問先への資金繰りの相談や助言を行うことと現実に金銭の貸付けや債務保証を行うことは，税理士の業務遂行において性質を異にすることを再度確認することが求められる。

納税者の主張

　納税者が貸付け等を行った相手は，開業当初の資金調達，事業計画との関連の中で極めて重要なウエートを占めていた者である。そのような者との取引関連で獲得できた顧客，報酬があるから納税者の今日がある。税理士事務所を開設及び維持していくために必要な貸付けや債務保証であったかを判断するためには，時代背景や個々の事情を併せて考察されなければならず，法令の趣旨を極度に限定的に捉えようとする課税庁の対応は国民の権利や財産を侵害し違法であるというべきである。

　近年税理士業界を巡る環境は変化しており，税務書類の作成や税務相談のような事務的な作業ではなく，より幅広い視野に立った経営全般に関するコンサルティングが求められている。貸付け等に関する金銭消費貸借契約等を締結した時期は，金融機関の貸し渋りに代表されるように資金繰りが悪化しており，資金の調達において顧客の経営のため，そして信頼に応えるために伴って生じた支出であるならば，行為自体が違法なものでなければ法人税法37条1項に基づく必要経費としての相当性を有するはずである。

　課税庁の主張のとおり，税理士の業務の範囲を客観的に限定し貸倒損失等の必要経費としての妥当性が否定されるとしても，納税者の事業所得を包括的に計算し，税理士事務所に併設して行う予定であった医療経営コンサルタント事業としての必要経費であったとするならば，客観的に妥当性を有するはずである。

課税庁の主張

　法人税法27条1項，法人税法施行令63条1項12号によれば，事業所得を生ずべき「事業」とは，対価を得て継続的に行う事業であり，金銭の貸付けが，前記「事業」に該当するか否かについては，社会通念に照らして，その営利性，継続性及び独立性の有無によって判断すべきものと解するのが相当である。具体的には，利息の収受の有無及びその多寡，貸付けの口数，貸付金額，貸付けの相手方との関係，貸付けの頻度，金額の大小，担保権設定の

有無，人的及び物的設備の有無，規模，貸付けの宣伝広告の状況等諸般の事情を総合勘案して判断すべきものである。

　法人税法37条1項は，必要経費について規定しているところ，ある支出が必要経費として総所得金額から控除され得るためには，客観的に見てそれが当該事業の業務と直接関係を持ち，かつ業務の遂行上通常必要な支出であることを要し，その判断は，単に事業主の主観的判断のみによるのではなく，当該事業の業務内容等個別具体的な諸事情に即し社会通念に従って実質的に行われるべきである。また，法人税法51条2項は，資産損失の必要経費算入について規定しているところ，同項の「その事業の遂行上生じた」売掛金，貸付金，前渡金その他これらに準ずる債権とは，当該事業の遂行と何らかの関連を有する限りの貸付金等の全てを指すのではなく，その業種業態から見て，当該業務の遂行上通常一般的に必要であると客観的に認め得るもの，換言すれば，当該事業による収入との間に相当因果関係の認められるものをいうと解すべきである。

　法令の規定及びその解釈からすれば，各損失額が，法人税法37条1項の必要経費に算入されるためには，貸付け等が，法人税法27条1項にいう「事業」と認められるか，そうでなくとも，納税者が現に営んでいる事業の遂行に当たり，通常一般的に必要であると認められる必要がある。

　納税者は，貸付け等に際して，貸付けの債務者及び各保証の主債務者から，納税者の収入となるべき債務保証に係る手数料及び利息を収受しておらず，納税者は，金銭を貸し付けること等による利益を収受しているとは認められず，貸付け等には，営利性がない。また，納税者は，「甲税理士事務所」として，税理士業を営んでおり，金銭の貸付け及び債務保証を業とする旨の広告宣伝を行っていないこと，債務者以外の者に対して金銭の貸付け及び債務保証を行っていないこと，その後は，新規の金銭貸付けを行っていないこと，金銭の貸付業務等に係る貸付先名簿及び貸付けに係る帳簿等を納税者が管理していないことなどから，広く利益を追求して事業活動を行っているともいえない。これらの事実からすれば，貸付け等には，営利性，継続性及び独立

性が認められず，貸付け等は，法人税法27条1項の「事業」とは認められない。

裁判所の判断

① 損失額を事業所得の計算上，必要経費に算入するためには，貸付け等が，それ自体独立して法人税法27条1項にいう「事業」と認められるか，貸付け等が，税理士業の業務遂行と密接な関係があり，その貸倒れ等が事業所得を生ずる税理士業の業務に関連又は付随する業務の必要経費に該当すること，すなわち，客観的に見て，貸付け等が当該事業の業務と直接関係を持ち，かつ，業務遂行上通常必要であることを要するというべきである。

② 納税者の行った貸付け等が，それ自体独立して，法人税法27条1項にいう「事業」と認められるか検討する。事業所得を生ずべき「事業」とは，対価を得て継続的に行う事業であり，金銭の貸付けや保証行為が法人税法上の事業に該当するか否かは，社会通念に照らしてその営利性，継続性及び独立性の有無によって判断するのが相当である。

③ 貸付け等は，いずれも利息や保証料等の約定をしていないのであるから，貸付け等のみでは何ら利益を生み出すものではなく営利性を認めることはできない。また，金銭の貸付けや債務保証の相手も一般不特定多数を相手にしておらず，独立の事業として金銭の貸付けや債務保証を行っているとは認められない。したがって，貸付け等は，社会通念に照らして，法人税法27条1項の「事業」には該当しないというべきである。

④ 貸付け等が，客観的に見て，それが納税者の行っている税理士業と直接関係を持ち，かつ，業務遂行上通常必要であるということができるかについて検討する。その判断は，単に事業主の主観的判断によるのではなく，事業の業務内容等個別具体的な諸事情に則して社会通念に従って実質的に行われるべきである。

⑤ 納税者は，税理士業を行って各年分の事業所得を得ているところ，税理士の業務の範囲は，税理士法2条により，租税に関する，税務代理，税務書

類の作成及び税務相談のほか，これに付随する財務書類の作成，会計帳簿の記帳の代行その他財務に関する事務に限定されているのであるから，一般的な税理士の業務内容として，顧問先等に対する金銭の貸付けや債務保証が含まれると解することはできず，顧問先等に対する貸付けや債務保証が税理士業務によって事業収入を得るのに当たり直接関係を持つものということはできない。

⑥ 納税者の税理士業において，社会通念に照らして，顧問先等に対して金銭の貸付けや債務保証を行うことが，納税者の税理士業務と直接関係を持ち，かつ，業務遂行上通常必要なものであるということもできないから，貸付等が，客観的に見て，それが納税者の税理士業務と直接関係を持ち，かつ，業務遂行上通常必要なものであるということはできず，損失額を，必要経費に算入することはできないというべきである。

⑦ ある支出が法人税法37条1項の必要経費として事業所得から控除され得るためには，客観的に見て，それが当該事業の業務と直接関係を持ち，かつ，業務遂行上通常必要な支出であることを要し，その判断は，単に事業主の主観的判断によるのではなく，当該事業の業務内容等個別具体的な諸事情に則して社会通念に従って実質的に行われるべきであるから，単に，納税者の税理士業の顧問先の維持拡大等に資するものであったからという理由のみで必要経費に算入できるものではない。

⑧ 仮に，納税者が税理士業に付随して，債務者に対して資金調達等のコンサルティング業務を行っていたとしても，税理士が行う通常の一般的なコンサルティング業務の内容として，顧問先等のために貸付けや債務保証等を行うことが含まれると解することはできないし，納税者は，税理士業に係る顧問先等に対して一般的に継続して金銭の貸付けや債務保証を行っているとは認められないのであるから，貸付等は，社会通念に照らしても，納税者の税理士業及びこれに付随してなされるコンサルティング業務と直接関係を持ち，かつ，業務遂行上通常必要であるということもできない。よって，コンサルティング業務の内容として必要経費に算入すべきとする旨の納税者の主張は

採用できない。

⑨　事業所得を生ずべき事業とは，対価を得て継続的に行う事業であり，その判断は，社会通念に照らして，営利性，継続性及び独立性の有無によってすべきところ，納税者主張の医療経営コンサルティング事業は，納税者が税理士事務所を開設するまでに中断しており，これによる収入もないのであるから，実態としては何らの営利性，継続性，独立性も認められないのであって，これを法人税法27条１項の事業所得を生ずべき事業ということはできず，損失額を同事業に係る必要経費とみることはできない。したがって，損失額は納税者主張の医療経営コンサルティング事業の遂行上生じたものということはできないから，納税者の事業所得の計算上，必要経費に算入することはできないというべきである。

（竹内　進）

CASE 28 事業の業務遂行上に発生した貸倒損失の意義

(参考)
東京地方裁判所　H25.1.29 判決　TKC25510526／TAINS Z263-12142

[争点]

貸付金が不動産所得又は事業所得を生ずべき事業の遂行上生じたものとして貸倒損失として計上できるか

本事案は，納税者が，〇社に対する5,000万円の貸付金が，不動産所得又は事業所得を生ずべき事業の遂行上生じたものであり，かつ，回収が不能となっていたから，貸倒引当金繰入額又は貸倒損失として，不動産所得又は事業所得の計算上必要経費に算入することができると主張して，平成18年分から平成20年分までの所得税の各更正処分等の取消しを求めた事案である。

納税者の主張

納税者は，リゾート開発事業による収益獲得を目指して，〇社に対する貸付けを行ったものであるから，〇社に対する交付金は，社会通念上，不動産所得又は事業所得を生ずべき事業の遂行上生じた貸付金に該当するといえる。

納税者は，パラオでのリゾート開発事業を廃止しておらず，約10年前には，パラオで別のホテルを運営して収益を得ていた。また，仮に納税者がパラオでのリゾート開発事業を廃止していたとしても，複数の事業を営む者が一つの事業のみを廃止した場合は，所得税法63条でいう事業の廃止に当たらないと解すべきである。

納税者は，遅くとも平成14年4月3日から，交付金を回収するため，〇

社及び同社の代表取締役であるＡから債務承認書を徴求したり，内容証明郵便で弁済を催告するなどの債権保全措置を講じていた。しかし，Ｏ社及びＡからは，平成15年４月１日，債権処理委員会による返済計画が策定されるまで待って，話合いをする旨の内容証明郵便が送付されただけで，具体的返済計画の提示は一切なかった。

　納税者は，民事訴訟等の法的手続によって交付金を回収することも考えたが，納税者と同様にＯ社のパラオでのリゾート開発事業に多額の金員を投じ，同社に対する民事訴訟を提起したが債権を回収することができなかった者がいたことから，交付金の回収が困難であることを知った。そして，納税者が平成18年に民間調査会社に信用調査を依頼したところ，その調査報告書には，Ｏ社の財務内容は不詳で信用度は下限に近く，パラオでのリゾート開発事業が遅れ気味であるとの記載があった。

　このようにして，納税者は，平成18年には，交付金の回収は事実上不可能であると判断するに至ったものであり，交付金は，客観的にみても，その回収に要する労力，債務者の属性等の諸般の事情を総合考慮すれば，平成18年当時，既に回収不能であったことは明らかである。

課税庁の主張

　納税者のＯ社に対す交付金が納税者のＯ社に対する貸付金に該当するとしても，この貸付金は，納税者が出資金として払い込んだ額相当額について，平成３年12月20日頃，Ｏ社が納税者に返還する旨の準消費貸借契約が締結されたことにより発生したものであるから，リゾート開発事業の遂行上生じた貸付金とはいえない。また，交付金が貸付金に該当するとしても，納税者がＯ社に対して貸付けを行うことは，納税者が営んでいる不動産賃貸業との関係で，当該事業の遂行上通常一般的に必要であると客観的に認められないから，事業の遂行上生じたものとは認められない。

　納税者がパラオにおけるリゾート開発事業を営んでいたとしても，確認書によれば，上記事業は平成３年12月20日に廃業されたものというべきであ

る。そして，不動産所得又は事業所得を生ずべき事業を廃止した後において，当該事業に係る費用又は損失で当該事業を廃止しなかったとしたならばその者のその年分以後の各年分の不動産所得又は事業所得の金額の計算上必要経費に算入されるべき金額が生じた場合には，当該金額は，その者のその廃止した日の属する年分（平成３年分）又はその前年分（平成２年分）の不動産所得又は事業所得の金額の計算上必要経費に算入するのである（所法63）から，納税者の平成18年分の不動産所得又は事業所得の計算上，交付金を貸倒引当金繰入額又は貸倒損失として必要経費に算入することはできない。

裁判所の判断

①　貸付金が「事業の遂行上生じた」として必要経費に該当するというためには，事業主が，事業に関連するもの，あるいは事業の遂行に資するものと主観的に判断して，その貸付けがされたというだけでは足りず，客観的にみて，それが当該事業と直接の関連を有し，かつ，業務の遂行上通常必要な貸付けであることを要し，この判断は，当該事業の業務内容等の個別具体的な諸事情に則して社会通念に従って行われるべきものである。

②　納税者は，O社の代表取締役であるAから，O社に5,000万円を貸し付ければ，納税者がパラオで行うリゾート開発事業を全面支援すると約束されたので，交付金を貸し付けたものである旨陳述書に記載するとともに，同旨の供述をしている。そして，確かに，争いのない事実及び証拠によれば，納税者がO社に交付金を貸し付けた平成２年１月16日と同日付けで作成された承諾書には，O社及びAは，納税者がパラオ内において希望する事業に全面的に協力する旨記載されていることが認められる。しかしながら，納税者は，交付金をO社に貸し付けた当時，パラオにおいてホテル付きゴルフ場を建設して運営することを内容とするリゾート開発事業を営もうとしていた旨陳述書に記載するとともに，同旨の供述をしているところ，一般に，そのようなリゾート開発事業を行う際に，それに協力をする業者に対して金銭の貸付けを行うことが，そのリゾート開発事業に直接の関連を有するとは認め難

く，また，業務の遂行上通常必要な貸付金であるということもできない。
③　納税者は，Ｏ社がパラオにおいて開発用地の賃借権を有しているのをみて，リゾート開発事業を行うためには，同社の代表取締役であるＡの依頼に応じて交付金の貸付けをする必要があると考えた旨の供述をするが，納税者が交付金の貸付けをするにあたりＯ社から交付された借用証書及び承諾書をみても，納税者が交付金の貸付けをすることが，Ｏ社が納税者の行うリゾート開発事業に協力することの条件となっていることを示す記載は何ら存在しないし，そのほか，納税者が，交付金の貸付けをしなければ，Ｏ社からパラオにおける開発権，すなわち開発用地の転借権を取得するなどして，リゾート開発事業を行うことができなかったことをうかがわせる証拠は存在しない。
④　証拠によれば，Ｏ社は，パラオ政府から開発用地の賃借権を取得して同用地を利用したリゾート開発事業を計画し，日本人を対象として同開発事業への参加を勧誘していたのであり，納税者は，Ｏ社に対して交付金を交付する時点から，交付金はいずれＯ社に対して支払うことになる開発権，すなわち開発用地の転借権の取得代金等に充当しようと考えていたことが認められるから，納税者が交付金に係る貸付けを行わなくとも，Ｏ社に対して開発権の取得代金を支払うことにより，同社が行うリゾート開発事業に参加して，同社の協力を得つつリゾート開発事業を行うことが十分に可能であったものと推認される。したがって，納税者がリゾート開発事業を営んでいたとしていたとしても，納税者がＯ社に対して交付金の貸付けをすることは，客観的にみて，リゾート開発事業と直接の関連を有し，かつ，その業務の遂行上通常必要なものであったとは認められない。以上によれば，交付金については，「事業の遂行上生じた」ものとは認められないというべきである。

（林　仲宣）

CASE 29 個人病院経営者の同族会社への貸付金と貸倒損失

(参考)
岡山地方裁判所　H18.1.11 判決　TKC25450423／TAINS Z256-10261

[争点]

貸付金は病院事業の遂行上生じたものとして通常必要なものであるか否か

　納税者は医師であり，自らが経営するA個人病院の院長として収入（事業所得）を得るほか，有限会社B（同族会社），株式会社C（有料老人ホームの経営などを目的として平成2年10月1日に設立された同族会社であったが，有料老人ホーム開設の認可が得られず，平成10年12月10日に清算結了した），株式会社D（同族会社）の3法人の代表取締役を務めていた。

　納税者は，有料老人ホーム開設資金を，Cに貸し付けたものの，Cは有料老人ホームを開設することができず，Cから貸付金を回収することができなくなった。そのため，貸付金について貸倒損失として必要経費に算入している。

　課税庁は，貸倒損失は，納税者の事業所得の金額の計算上必要経費に算入することはできないとして，平成8年分及び平成9年分（平成14年2月28日付け），平成10年分，平成11年分及び平成12年分（平成14年3月12日付け）所得税の各更正処分並びに過少申告加算税及び重加算税の各賦課決定処分をした。そして，平成15年6月10日に岡山地方裁判所において，納税者が破産宣告を受けたため，納税者の破産管財人である弁護士が原告となり，平成16年6月28日，課税庁の各賦課決定処分は，違法なものであるとして，各処分の取消を求めて出訴した事案である。

　裁判において，納税者のCに対する貸付行為は，A病院の事業の遂行上通常必要なものと解し得るか否かが争点とされた。判決では，①納税者の事業所得

における必要経費の意義について，「所得税法37条における必要経費とは，当該事業において生じた費用，すなわち業務との関連性が要求されるとともに，業務の遂行上必要であること，すなわち必要性についても要件となると解される。そして，事業遂行のために必要であるか否かの判断は，単に事業主の主観的判断のみではなく，通常かつ必要なものとして，客観的に必要経費として認識できるものでなければならないと解するのが相当である。」と判断している。②貸倒損失について，所得税法51条2項の解釈として，「事業所得の金額計算上控除が認められる貸倒損失は，当該事業所得の基因となる事業の範囲に属する事由によって生じたもの，いいかえれば，当該事業所得を得るために通常必要とされる貸付金の貸倒れに限られるものと解すべきである。」との基準を確認し，「当該事業所得を得るために通常必要とされるか否かの判断に当たっては，税の公平な負担を重要な目的とすべき税務行政の理想に鑑みれば，単に事業主の主観的判断の有無のみでなく，当該事業所得を得るために通常かつ必要なものとして客観的に認識できることが必要である。」との判断を示している。

判決では，納税者の主観的意図が，老人ホームCの開設によりA病院の収入増加を見込んだとしても，それに対する収入増加や貸付金の回収についての合理的計算を行っている形跡がないこと，リスクを資金の貸主である納税者が全面的に負うこと等について詳細に事実認定した結果，客観的にみて病院業務に係る事業所得を得るために通常必要な貸付けであったと認めることはできないから，その貸倒れによる損失を納税者の事業所得の金額の計算上必要経費に算入することはできないとして納税者の主張を退けている。

本事案は，有料老人ホームの新規の開設に際して，不動産担保等が不足することから，納税者を経由して銀行による実質的な融資が実行されたことがうかがえる。しかし，その結果として貸倒処理により雑費に計上した貸倒損失の否認についての税務調査を端緒として，検討を省略した他の事項として，さらに事業所得における約5年分の専従者給与の否認，地代家賃の短期前払費用の否認，家事費認定として修繕費や弁護士費用の雑費の否認等が行われている。

個人事業主が，自ら代表者となっているような同族会社に対して諸事情によ

り資金を貸付けたり，自らが保証人となり融資の便宜を与える場合があるかもしれないが，納税者の事業所得との関係で客観的にみて通常必要な業務の範囲内に属する貸付金であり，回収不能となっても当該貸倒損失が客観的な必要経費であるという立証を行うことは，納税者の都合に合わせた主観的な判断事由と比べると厳格な基準となっていることから慎重な対応が必要となる。

納税者の主張

　病院業界においては，一般的に，病院から有料老人ホーム事業に対し，資金貸付けを行っているのが通常との認識があるところ，有料老人ホーム事業の経営を目的とする準備段階の会社であるCと，納税者の行う病院事業との間にも，密接な関連があり，納税者も，A病院を単なる病院事業としてではなく，根本的には老人福祉事業と考え，医療と福祉とが一体となった事業の構築を夢に描いていたものであるから，納税者のCに対する貸付金は，利息収入を当てにした納税者の私的な貸付金ではなく，まさに納税者の病院事業の遂行上生じたものであり，貸付金は，納税者の病院業務に係る事業所得を得るために通常必要なものといえる。したがって，Cに対する貸付金等の貸倒れによる貸倒損失は，納税者の事業の遂行上生じたものとして，事業所得の必要経費に算入すべきであるから，これを否定した各更正処分は，納税者の総所得金額を過大に認定した違法があり，また，これを前提とした各賦課決定処分も違法である。

課税庁の主張

　納税者のCへの貸付金等は，A病院の業務の遂行上生じたものとは認められないから，貸倒損失は，納税者の事業所得の金額の計算上必要経費に算入することはできない。

　すなわち，所得税法51条2項は，「居住者の営む不動産所得，事業所得又は山林所得を生ずべき事業について，その事業の遂行上生じた売掛金，貸付

金，前渡金その他これらに準ずる債権の貸倒れその他政令で定める事由により生じた損失の金額は，その者のその損失の生じた日の属する年分の不動産所得の金額，事業所得の金額又は山林所得の金額の計算上，必要経費に算入する。」と規定しているところ，事業所得の金額計算上控除が認められる貸倒損失は，当該事業所得の基因となる事業の範囲に属する事由によって生じたもの，いいかえれば，当該事業所得を得るために通常必要とされる貸付金の貸倒れに限られるものと解すべきである（東京地裁昭和45年5月25日判決〔行裁集21巻5号827頁〕）。

　納税者のCに対する貸付金は，納税者が有料老人ホームの経営を事業目的とする準備段階の会社であるCに対して貸し付けたものであるところ，有料老人ホーム事業とA病院の業務との間に直接的な関連があるとは認められないし，仮にCが有料老人ホームを開設することにより，有料老人ホームの入居者に治療等の必要性が生じた場合に，A病院に通院又は入院する可能性が高く，A病院の収入増加の可能性が少しは見込めるとしても，収入増加は派生的に生じるものであって，派生的な収益を目的として，9億円もの巨額な資金を貸し付けることが，A病院の業務に係る事業所得を得るために通常必要であるとは到底いえない。かえって，納税者がCに対し，金銭消費貸借契約書の作成もなく，資金回収の合理的計算もないままに無担保で多額の資金貸付けを行った理由は，資金貸付けがA病院の業務の遂行上必要であったからではなく，納税者がCの代表取締役であったからにほかならず，そうしてみると，債権放棄前貸付金は同人の私的な貸付金であるというべきであるから，貸付金の貸倒れによる損失は，所得税法51条2項に規定する損失には該当せず，損失は，納税者の事業所得の金額の計算上必要経費に算入することはできない。

裁判所の判断

①　所得税法37条の事業所得における必要経費とは，当該事業について生じた費用，すなわち業務との関連性が要求されるとともに，業務の遂行上必要であること，すなわち必要性も要件となるものと解される。そして，事業遂行のために必要か否かの判断は，単に事業主の主観的判断のみではなく，通常かつ必要なものとして客観的に必要経費として認識できるものでなければならないと解するのが相当である。

②　所得税法は，所得税の課税の対象となる所得をその種類によって分類し，分類された所得ごとに所得金額の計算方法を定めており，また，所得税が消費生活を伴う個人の所得に対する課税であるという特質から，所得金額の算出にあたっては，その分類区分に属する収入と経費との差額を算定して所得金額を計算する収益費用対応の原則が行われ，しかも，所得税が歴年課税の建前をとり，各年ごとに所得の金額を計算することから，各年ごとにおける収益と費用との対応が要請されることとなる。

③　所得税法51条2項によって事業所得の金額計算上控除が認められる貸倒損失というのは，当該事業所得の基因となる事業の範囲に属する事由によって生じたもの，いいかえれば，当該事業所得を得るために通常必要とされる貸付金の貸倒れに限られるものと解するべきである。そして，当該事業所得を得るために通常必要とされるか否かの判断にあたっては，税の公平な負担を重要な目的とすべき税務行政の理想に鑑みれば，単に事業主の主観的判断の有無のみでなく，当該事業所得を得るために通常かつ必要なものとして客観的に認識できることが必要であるというべきである。

④　Cは，有料老人ホームの開設を計画して，平成2年10月1日に納税者を代表取締役として設立された同族会社であったが，有料老人ホーム開設の認可が得られなかったため，平成6年10月31日に解散し，平成10年12月10日に清算結了したこと，Cは，同社の発行済株式の全てをDが有していた同族会社であり，Dは，納税者が平成13年11月30日に退任するまで代表取締役を務め，同人の親族〔戊（妻），G（長男），H（次男），I（長女）〕

が発行済株式の全部を有していた同族会社であったこと，納税者は，Ｃの設立以来，同社に対して無担保で多額の資金貸付けを行い，Ｃが解散した平成６年10月31日時点において，納税者のＣに対する貸付金である債権放棄前貸付金の残高は９億1,791万6,658円に達していたこと，また，同時点における，Ａ病院のＣに対する未収入金の残高は，4,867万9,580円（未収利息と未収人件費負担金との合計額）であったこと，納税者は，平成６年10月31日のＣの解散後，同年12月26日をもって，債権放棄前貸付金の残高のうちの６億円を債権放棄し，Ｃの不動産売却収入などにより一部返済を受けた後の１億6,505万8,699円（貸付金）及び未収利息と未収人件費負担金との合計額4,867万9,580円との合計額２億1,373万8,279円（貸付金等）について，平成10年11月26日に債権放棄していること，納税者は，各更正処分に係る調査担当者に対し，債権放棄前貸付金に係る金銭消費貸借契約書について，Ｃの代表者は自分であり，稼動すれば返済するつもりであったから作成していない旨回答したこと，納税者は，債権放棄前貸付金について，その資金のほとんどを金融機関からの借入金により調達していることが認められる。
⑤　以上からすると，そもそも有料老人ホーム事業とＡ病院の業務との間に直接的な関連があることを認めることはできないし，仮にＣが有料老人ホームを開設することにより，当該有料老人ホームの入居者に治療等の必要性が生じた場合に，Ａ病院に通院又は入院する可能性が高く，Ａ病院の収入増加の可能性が見込めるとしても，Ａ病院がＣの協力医療機関となることによって，Ａ病院において見込まれる収入増加についての計算や，資金回収についての合理的計算が行われたという形跡は見当たらないこと，また，貸付金については担保設定もなされていないため，Ｃの事業が失敗した場合のリスクを納税者が全面的に負うという高リスクの資金貸付けとなっていたこと等の事情からすると，納税者の主観的意図はともかく，客観的にみて，事業として合理的な計画性を持った貸付けということはできないから，高リスクな資金貸付けを行ってまで有料老人ホームの協力医療機関になることがＡ病院の業務に係る事業所得を得るために客観的にみて通常必要なものであったと認

めることはできない。

⑥　したがって，貸付金の貸倒れによる損失は，所得税法51条2項に規定する損失には該当せず，ゆえに，当該損失は納税者の事業所得の金額の計算上必要経費に算入することはできないというべきである。よって，Cに対する貸付金等に係る貸倒損失等が納税者の事業所得金額の計算上，必要経費に算入できないとした課税庁の判断は相当であり，この点に関する納税者の主張は採用できない。

　　　　　　　　　　　　　　　　　　　　　　　　　　　　（竹内　進）

CASE 30　貸付金の債権放棄と事実判断

(参考)
津地方裁判所　H8.5.13判決　TKC28030342／TAINS Z216-7725
名古屋高等裁判所　H8.9.25判決　TKC28032066／TAINS Z220-7783
最高裁判所　H11.2.4判決　TKC28061121／TAINS Z240-8335

[争点]

① 口頭による債権放棄によって貸倒損失として必要経費に算入することができるか

② 利息制限法による制限を超過した利息分は，破産時の債権届出に際し再計算され元本に充当されるから届出をしないことが債権放棄となるのか

　同伴旅館業，不動産賃貸業を営む納税者は，T社（茶道具等の販売業）に対し，昭和63年10月時点において証書及び手形割引により6,700万円の貸付けを行っていた。T社は，昭和63年10月31日に自己破産の申立てをし，同年12月23日に破産宣告を受けた。

　証書貸付の保証人（連帯債務者）はT社の代表A（平成元年7月死亡）と専務Bであり，Bは，破産申し立ての直前にT社の営業を引き継いで営業を行うことを画策して絵画・美術品販売を営むW社を設立した。

　昭和63年11月には手形の振出人であるCが銀行取引停止処分を受けた。この他の手形振出人F社には，Bと同行し，昭和63年11月30日に破産手続外でT社が有するF社の債権を代物弁済として譲り受けた。F社は約定により，W社からの仕入品については10％を上乗せして支払い，納税者がこの上乗せ分を受領していた。

　昭和63年12月，Bから同月31日期日のM社振出の手形が不渡りになるとの連絡があり，同社代表者と納税者及びW社の間で返済方法が協議され，平成元年1月15日に納税者とM社との間で手形債務履行契約書が作成され，以後M

社の商品をW社が預かって販売し、その販売代金を納税者に交付するという方法で弁済が行われ、さらに商品が売れなかった時の保証として交付されたM社振出の小切手によって納税者が支払いを受けた。

平成元年になってから、納税者はBに証書貸付金の40％を支払う旨の念書を求めるなどの請求をした。

W社は納税者の資金援助を受けることを考えていて、納税者もこれに賛同し、資金を供与するとともにW社の関与する営業活動から利益を得ていたが、Bから報酬を出さないと言われたこと等からBとの関係が悪化し、平成元年2月ごろに協力関係は解消した。

納税者は、平成元年3月に貸金に係る利息収入を含めないで確定申告をしたが、後日、課税庁は貸付利息収入を雑所得の金額に加算して更正及び重加算税の賦課決定をした。納税者は、昭和63年10月30日か31日に口頭でBに対し債権の全部を放棄した。また利息制限法を超過して受領した利息は破産管財人弁護士事務所の事務員から過払い金として再計算し元本に充当されると告知され債権届けを提出しなかったから利息金収入は消滅していると主張したが、裁判所は、債権は昭和63年分の貸倒損失として扱うべきものとはいえず、債権の消滅も認められないから、課税処分は適法であると判示した。

納税者の主張

T社及び手形振出人Cは全くの無資力であり、債権は回収不能である。

連帯保証人のAやBは、土地建物を所有していたが、その価額を上回る根抵当権が設定されているほか、仮差押え等も行われており、強制執行による債権回収の見込みはない。

納税者は、BからT社が自己破産の申立てをしたこと並びにT社、A及びBの資産状況等を聞き、債権の回収は不可能と判断して、T社の代理人であるBに対し、口頭で債権の全部を放棄することを告げた。

W社への協力は債権の回収のためにしたものではなく、債権を放棄したか

らこそW社によるBらの事業の再建に協力したものであるし，納税者がT社の債権を譲り受けた事実もない。納税者が世話をした商品の売上利益の一部を紹介手数料の趣旨で受け取ったことはあるが，債権とは関係がない。

債権は昭和63年に全額貸倒れとなったものであるから，貸倒損失として必要経費に算入すべきである。

納税者がT社から受け取った利息等は利息制限法の制限を超過するものであったところ，昭和63年中に，破産管財人事務所の事務員により制限超過利息の元本充当による再計算がされ，その結果債権が消滅しているから，債権の届出があっても否認する旨を告知されたことにより，利息支払いの事実は遡って消滅している。雑所得金額は0円である。

課税庁の主張

貸付金を貸倒損失として必要経費に算入することができる要件は，以下のとおりである。

(ア) 債権が法律上消滅したとき（債務免除の場合は，債務者の債務超過の状態が相当期間継続し，その貸金等の弁済を受けることができないと認められる場合において，債務免除を書面で通知した金額であること

(イ) 債務者の資産状況，支払能力等からみて貸金等の全額が回収できないことが明らかになった場合。そして，連帯債務契約の場合は，債務者各自に対する債権の回収が全て不能となることが必要であること

本事案の場合は，納税者が連帯債務者らに対して，債権放棄の意思表示をした事実はない。

仮に納税者の主張に従っても，T社及びその代理人である破産申立人弁護士に債務免除額を書面で通知していない。むしろ，平成元年になってからも，Bに対して債権の請求をしたり，W社から債権の回収を図ったり，債権回収のためにT社の債権を譲り受けたりしていた。

昭和63年中には，T社は未だ破産手続が継続中であり（債権届出期間の末日は平成元年1月21日），債権の一部については配当手続による回収の可

能性が存在していた。また，連帯債務者であるBは，資産の保有もあり，会社役員として相当の収入を得ており，弁済の能力が全くないとは到底認められない。同人の所有する土地建物には，仮差押登記，根抵当権設定登記がなされていたが，換価処分等がなされた事実はない。単に各登記がなされていることを理由として土地建物の処分代金の一部を連帯債務の弁済に充てることが不可能であると認めることはできない。さらに連帯債務者であるAも，茶道具の販売業を個人で再開していることが認められ，支払能力が全くないとはいえない。

手形振出人であるCは，銀行取引停止処分を受けているが，それだけで不渡手形債権について債権の回収が不能になったとはいえず，手形振出人に対する手形債務の取立てが不可能になったことに関する具体的な納税者の主張立証はない。

制限超過利息といえども，当事者間の約束に基づいて利息として収受され，元本が残存するものとして取り扱われている場合には，収受した利息の全額が所得として課税の対象となる。

裁判所の判断

① 納税者は，W社への協力をすることによって，実質的に債権の一部の回収を図ったものであり，回収ができ，かつBとの協力関係が続いていた間は債権を請求しない状態をとっていたが，Bとの関係が悪化した後は，Bに対し債権の請求をしたものと推認される。

② 納税者は，T社の自己破産申立書に納税者の債権が記載されなかったこと及び納税者が破産債権の届出をしなかったことは，納税者が債権放棄をしたことの証左であると主張する。

③ しかし，破産申立代理人が納税者の債権放棄を知った事実は認められず，納税者及びT社は，従来から貸付金債権について表に納税者の名前が出ないようにしており，T社の帳簿上はA個人の借入れによる債権として記載していた。T社の破産申立てにおいても，帳簿の記載とAの申し出に基づいて，

債権が記載されなかったものであると認められる。
④ また，破産債権の届出をしないことが必ずしも債権放棄を意味しないことは明らかである。納税者が破産手続外での対処を考えていたと推認されること等を考慮すると，納税者が破産債権の届出をしなかった事実をもって債権の放棄と認めることはできない。
⑤ 所得税法は貸金債権に評価損を計上することを認めておらず，事実上の回収不能による貸倒損失は債権の全額について回収が不能であることが明らかな場合に例外的に認められる措置である。したがって，単に破産手続が開始されたというだけでは足りず，破産手続の進行により配当を受けられないことが明らかになるか，当該債権の回収が全部について見込みのない状態であることが明らかでなければならない。
⑥ 昭和63年中は，破産債権の届出期間中であるから，手続的には，届出をして破産財団から配当を受ける可能性があったといえる。
⑦ Ｔ社の資産状況については，納税者がＴ社の有するＦ社やＭ社に対する債権を譲り受け，これらからの収益を取得している。これは，事実上一部債権の回収が客観的に可能な状況であったことを窺わせるものである。
⑧ 昭和63年において，Ｔ社から債権の全額について債権を回収することが明らかに不可能だったと認めることはできない。
⑨ また，連帯債務者であったＡに関しては，個人破産はしておらず，Ａは平成元年1月ころから個人で茶道具の販売業を再開し，債務弁済の意思を示している。Ｂに関しては，Ｗ社を設立して営業活動を行い，当初は同人の経営する別の会社から経営資金を借入したが，借入金については平成元年に全て返済している。このような事実からすれば，Ｂについても，その支払能力等からみて，債権のうち証書貸付分の全額が回収不能であることが明らかであったということはできない。
⑩ さらに，手形割引分の債権について，手形振出人Ｃが銀行取引停止処分を受けたことは争いがない。しかし，この事実のみでは，当然には債権の全額について取立てが不可能になったということはできない。Ｃに対する手形

債務の全額について取立てが不可能であったと認めるべき証拠はない。

⑪　貸付金債権は，当事者間において利息制限法による制限超過利息が定められ，その合意に従って弁済が行われ，当該利息の元本充当の処理が行われず，当事者間で元本が存在するものとして利息が支払われている以上，債権者に利息金の収益が生じているのであるから，その収益は所得として課税の対象とされる。

⑫　破産管財人事務所の事務員から制限超過利息の告知がされたと供述するが，そのような事実があったとしても，直ちに元本充当の処理が当事者間に行われたものとはいえず，納税者本人が，利息の取りすぎであることはあまりわからなかった等と供述していることからも，元本充当処理が行われたとは認めることができない。

(小野木　賢司)

CASE 31　経営コンサルタント業者の貸付行為と貸倒損失

(参考)
東京地方裁判所　H16.11.30判決　TKC28141584／TAINS Z254-9839

[争点]
金銭貸付行為が事業所得における「事業」に該当するか否か

　本事案は，納税者は，昭和49年ころから個人で「A相談室」の屋号で経営コンサルタント業を営んでおり，平成8年10月に貸金業者として東京都に登録している。納税者は，平成10年ないし平成12年分において，顧客乙に係る貸倒損失分1,900万円，丙に係る貸倒損失分4,000万円及びBに係る貸倒損失分3,200万円について，各事業所得の金額の計算上，必要経費に算入して所得税の確定申告をした。これに対して，課税庁は，各貸倒損失は，事業所得の計算上，必要経費に算入することはできないとして，更正処分及び過少申告加算税の賦課決定をした。納税者は，これを不服として，異議申立て，審査請求を経て訴えを提起した事案である。

納税者の主張

　納税者は，乙に対し，I株式会社の株式を取得するため，毎月100万円ずつ返済する約定の下，2,000万円を貸し付けた。納税者は，乙が経営するJ株式会社の振出に係る額面100万円の約束手形20枚を受領した。その後，納税者は，乙から，100万円の弁済を受けたが，J株式会社は，平成10年6月5日に手形不渡り事故を起こして倒産し，乙も所在不明となったため，1,900万円が回収不能となった。納税者は，丙に対し，特許取得の費用とし

て，弁済期の定めなく，4,000万円を貸し付けた。納税者は，丙が経営するK株式会社の振出に係る約束手形を受領した。しかし，K株式会社は，平成11年春ころ倒産し，丙も所在不明となったため，4,000万円が回収不能となった。納税者は，Bに対し，L銀行から融資を受けるまでのつなぎ資金として，弁済期の定めなく，3,200万円を貸し付けた。納税者は，Bの振出に係る約束手形3枚（額面合計1,400万円）及びM株式会社の振出に係る約束手形3枚（額面合計1,800万円）を受領した。しかし，Bは，銀行からの融資を受けることができなかった。納税者は，仙台地方裁判所から，平成12年夏ころ，B及びM株式会社が破産した旨の通知を受けた。したがって，Bに貸し付けた3,200万円の回収が不能となった。

　納税者は，貸金業を独立の事業として営んでいるのではなく，経営コンサルタント業の一環として行っている。一般に，経営コンサルタント業は，顧客に対し，事業の経営等に関する助言，指導，相談等を行い，それに応じた相談料，報酬等を受領する。しかし，納税者の場合，経営の行き詰まった会社等について，その信用状況を詳細に調査検討し，再建の見込みがある会社等について，単に助言，指導，相談をするだけではなく，納税者自ら当該会社等の役員，顧問，代理人となって，直接，当該会社等の債権者，取引先，関係官庁等と折衝する。納税者の経営コンサルタント業の内容は多様で，その中には資金融資も含まれるのである。納税者が，コンサルタント業とともに貸金業も営んでいることは，いわゆる口コミで広まっている。納税者の経営コンサルタント業の内容が多様であるからこそ，顧客会社等が無事に再建することができた場合には，通常では考えられない多額の報酬，顧問料を得ることができるのである。納税者は，貸付けの目的を先行投資として考えており，通常の貸金業と異なり利息をさほど重視せず，貸付先に利益が上がるようになってから，利息よりもはるかに多額の顧問料収入や給与収入を得る。なお，納税者は，貸付金に係る受取利息として，事業所得の金額の計算上総収入金額に計上している。納税者の貸付業務は，経営コンサルタント業の業務の遂行と密接な関係があるから，事業所得を生ずる経営コンサルタント業

の業務に関連又は付随する業務に該当し，事業所得を生ずべき事業に該当する。

課税庁の主張

　乙，丙及びBに対する貸付け及び貸倒金自体は存在するとしても，納税者は，貸金業を営んでいる者ではないから，貸倒金については，事業所得の金額の計算上，必要経費とは認められない。丙に対する4,000万円の貸付けについては，その担保として，丙が裏書人となっている額面2,000万円の約束手形2枚が差し入れられているところ，同手形について，納税者は，いまだ求償のための銀行等への取立依頼もしていないから，上記金員について，回収不能となったとは認められない。

　金銭の貸付行為が所得税法上の事業に該当するか否かについては，社会通念に照らして，その営利性，継続性及び独立性の有無によって判断すべきものと解するのが相当であり，具体的には，利息の収受の有無及びその多寡，貸付けの口数，貸付けの相手方との関係，貸付けの頻度，金額の大小，担保権設定の有無，人的及び物的設備の有無，規模，貸付けの宣伝広告の状況等諸般の事情を総合的に勘案して，判断すべきである。

　納税者は，貸金業者としての登録こそ行っているものの，①貸金業における主たる収入であるはずの利息の約定をしていないこと，②将来貸付先の事業が成功した際，今後事業の報酬として長く利益を上げるための成功報酬的な先行投資であるから，貸付先の事業が成功しなければ元金の回収すら望めない極めて投機的な行為を行っていること，③貸付けにあたり，契約書を作成せず，また，貸金業としての帳簿の備付け，債務者，貸付金額，受払金額等の記録の保存という継続的に業務を遂行するために欠くことのできない管理すら行っていないこと，④貸金業の宣伝広告は全くしておらず，貸付先は，一般の顧客はなく，納税者の関係者がほとんどであること，⑤貸金業の規制等に関する法律17条（書面の交付）及び19条（帳簿の備付け）等の義務を何ら遵守していないことなどをも併せかんがみれば，営利性，継続性等を有

するものと評価することは到底できず，所得税法上の事業に該当すると認められないことは明らかである。

裁判所の判断

①　貸付けに係る貸倒損失の額を事業所得の計算上，必要経費に算入するためには，その前提として，納税者が行った貸付行為が，所得税法27条1項にいう「事業」の一環としてされたものである必要がある。まず，納税者の行っている貸付けが，それ自体独立して，所得税法27条1項にいう「事業」に当たるか否かを検討する。

②　事業所得を生ずべき「事業」とは，対価を得て継続的に行う事業である。金銭の貸付行為が所得税法上の事業に該当するか否かは，社会通念に照らして，その営利性，継続性及び独立性の有無によって判断すべきものと解するのが相当であり，具体的には，その貸付口数，貸付金額，貸付けの頻度，利率，貸付けの相手方，担保権の設定の有無，貸付資金の調達方法，貸付けのための広告宣伝の状況，人的及び物的設備の有無，規模その他諸般の状況を社会通念に照らして総合勘案して判定するのが相当である。各貸付けはいずれも利息の約定をしていないのであるから，各貸付け自体をもってしては，何ら利益を生み出すものではなく，営利性を認めることはできない。また，認定事実によると，納税者は，貸付けのための宣伝広告は全くしておらず，貸付先は，一般多数人ではなく，各貸付けの相手方も，いずれも納税者と個人的関係のある者であるから，幅広く利益を追求して企業活動をしているわけでもない。さらに，認定事実によると，納税者は，各貸付けの貸付先から，約束手形ないし小切手を受領しているものの，貸付金が高額であることからすれば，通常，不動産担保等債権の回収確保のため事前に十分な措置を講ずるはずであるにもかかわらず，そのようなことをせず，その結果，貸付金の大部分につき回収が困難な状況に陥っている。そして，納税者は，主観的にも，貸金業を独立の事業とするつもりはないというのである。また，認定事実によると，納税者が，資金投入して関与した会社が全て再建することがで

きたわけでもなく，回収されなかった金額も多額に上る反面，顧客会社が再建することができた場合には多額の報酬，顧問料を得ることができるというのである。

③　そうすると，納税者の貸付行為は，実質的には，将来，顧客会社等と自己にとって有利な顧問契約等を締結することができることを期待して行われた，投資的，更にいえば投機的な資金援助であると評価するのが相当である。以上を考慮すると，各貸付けは，貸金業として独立して見てみると，社会通念に照らし，営利性，継続性及び独立性の観点からして，所得税法上の「事業」には該当しないというべきである。

(竹内　進)

CASE 32　共益債権の貸倒引当金への算入の可否

（参考）
国税不服審判所　H17.4.27裁決　TKC26100023／TAINS F0-1-228

［争点］
① 共益債権は貸倒引当金に算入できるか否か
② 回収不能賃貸料額は貸倒損失に算入できるか否か

　本事案は，不動産賃貸業を営む納税者が，平成12年分，平成13年分及び平成14年分において，不動産所得の総収入金額及び消費税の課税売上高の計算にあたり，再生手続開始決定及び再生計画認可決定がされた不動産賃借人に対する賃貸料額を計上せず，また，貸倒引当金算出の基礎となる貸金等に，共益債権となるべき再生手続開始決定後の賃貸料額も含めて，所得税等の申告をしたのに対して，平成12年分から平成14年分までの所得税の各更正処分等の取消しを求めた事案である。

　納税者は，賃借人甲に対して，鉄骨造亜鉛メッキ鋼板葺2階建ての工場を賃貸し，賃貸料を月額139万4,400円とする賃貸借契約をしたが，賃貸料について平成12年1月以降は賃貸借契約どおりに支払いはされておらず，長期間にわたり未収債権となった。

　賃借人甲は，民事再生法の再生手続開始の申立てをし，裁判所は，賃借人甲に再生手続開始決定をし，再生計画認可決定を行った。

　それに対して納税者は，賃借人甲に対する賃貸借契約に基づく賃料債権を，債権額1,736万円（未収分である平成11年11月分62万7,200円と平成11年12月分から平成12年11月分までの賃貸料）として届出を行い，再生計画認可決定により，納税者の再生債権弁済額が確定した。

平成12年分の所得税の確定申告において，納税者は，賃貸借契約に基づく同年分の賃貸料額の合計1,673万2,800円を含めた金額を総収入金額として不動産所得の金額を算出したが，他方で，再生債権となるべき再生手続開始決定前の賃料債権額のみならず，共益債権となるべき同決定後の賃料債権額をも含めた金額を基礎として貸倒引当金を算出した。

　平成13年分及び平成14年分所得税の確定申告においては，民事再生法の適用を受けた賃借人甲に対する未収賃貸料は，長期間にわたり未収債権となっていることから取立不能のおそれがあるとの理由から，賃貸借契約に基づく平成13年分及び平成14年分の賃貸料額の各合計を総収入金額に算入しなかった。

　これに対して，課税庁は，平成13年中及び平成14年中に生じた賃貸借契約に基づく賃貸料額は，平成13年分及び平成14年分の総収入金額に算入されるべきであるとし，また，各年分の貸倒引当金の算出の基礎として，共益債権となるべき再生手続開始決定後の賃貸借契約に基づく賃料債権額が含まれないとして，各年分の所得税等について各更正処分及び過少申告加算税の各賦課決定処分を行った。

　共益債権とは，民事再生法や会社更生法に基づく倒産手続開始決定後に生じた請求権で，手続を遂行する上で要した費用や事業の維持・継続に要した費用など，手続上の利害関係人の共同の利益のためにされた行為により生じた請求権の総称である。本事案では，各年分の貸倒引当金の算出の基礎として，共益債権となるべき再生手続開始決定後の賃貸借契約に基づく賃料債権額が含まれるか否かが争点となった。

　審判所は，平成14年分については，賃借人に再生計画認可決定がされていることから，貸倒引当金の算出の基礎となる貸金等に共益債権が含まれるとした。

納税者の主張

　賃借人甲は，再生計画認可決定を受けるに至っており，実際，賃貸料について賃貸借契約どおりの支払いはされておらず，長期間にわたり未収債権となっているから，取立不能のおそれがあり，商法34条3号に規定する会計帳簿の記載から除くべき金銭債権に該当する。このような理由により，各年分の貸倒引当金の算出の基礎として，共益債権となるべき再生手続開始決定後の賃貸借契約に基づく賃料債権額も含まれる。

　また，賃貸借契約に基づく賃貸料のうち，再生計画認可決定により回収不能となった部分は，平成14年分の貸倒損失として計上される。

課税庁の主張

　平成13年中及び平成14年中に生じた賃貸借契約に基づく賃貸料額は，平成13年分及び平成14年分の総収入金額に算入されるべきである。

　また，共益債権となる以上，再生手続によらないで随時弁済を受けることができるから，各年分の貸倒引当金の算出の基礎として，共益債権となるべき再生手続開始決定後の賃貸借契約に基づく賃料債権額は含まれない。

　そして，賃貸借契約に基づく賃貸料のうち，再生計画認可決定により回収不能となった部分は，同決定が賃借人甲にされている以上，平成13年分の貸倒損失として計上されるべきものであって，平成14年分の貸倒損失として計上されない。

裁判所の判断

① 所得税法36条1項は，各種所得の金額の計算上総収入金額に算入すべき金額について，その年において収入すべき金額である旨規定していることからすると，不動産所得の収入金額として計上すべき額は，実際に支払いを受けた賃貸料額等ではなく，権利として確定した収入すべき金額をいい，その確定は，契約その他慣習等により支払日が定められている賃貸料等についてはその支払日を基準とするのが相当である。本事案については，賃貸借契

約に基づき，毎月末日までにその翌月分の賃貸料を支払う旨定められていることが認められるから，同賃貸料は，毎月末日においてその翌月分を不動産所得の総収入金額に算入することとなる。

② 平成12年分

賃借人甲に再生手続開始申立てがされていることから，所得税法（平成13年改正前）52条1項及び所得税法施行令（平成13年改正前）144条1項3号の各規定を適用し，民事再生法に規定する再生債権の対象となり得る貸金等の額を基に貸倒引当金の繰入限度額を算定することとなるから，同法の規定により随時弁済とされる共益債権となるべき貸金等の額はこれに含まれない。

③ 平成13年分

賃借人甲に再生計画認可決定がされていることから，所得税法（平成13年改正前）52条1項及び所得税法施行令（平成13年改正前）144条1項1号の各規定を適用し，再生計画認可決定に基づき賦払により弁済されることとなった再生債権弁済額を基に貸倒引当金の繰入限度額を算定することとなるから，共益債権となるべき貸金等の額はこれに含まれない。

④ 平成14年分

賃借人甲に再生計画認可決定がされていることから，所得税法（平成14年改正前）52条1項及び所得税法施行令（平成15年改正前）144条1項1号の各規定を適用し，再生債権弁済額に納税者が賃借人甲に対して有する他の貸金等（共益債権を含む）の額を加えた額を基に貸倒引当金の繰入限度額を算定することとなる。

⑤ 平成14年中に貸倒れに該当する事実が発生したことを認めるに足りる証拠はなく，再生計画認可決定により回収不能となった部分は平成13年分の貸倒損失となる。

（角田　敬子）

CASE 33 貸付債権の譲渡と貸倒損失

(参考)
国税不服審判所　H15.3.25裁決　TKC26011739／TAINS J65-2-09

[争点]
① 貸金業を営んでいる納税者の事業所得の金額の計算につき，貸付債権を譲渡したことにより生じた損失が，事実上発生したかどうか
② 貸付債権について，自己破産等により生じている損失は，どの事業年度において貸倒損失として必要経費に算入すべきであるか

　納税者は，平成4，5及び6年分の所得税について，平成7年5月31日修正申告書を提出した。課税庁は，原処分庁の調査に基づき，平成11年3月11日付けで平成3年分以降の所得税の青色申告の承認の取消処分を行い，各年分の所得税について，更正処分をするとともに，過少申告加算税及び重加算税の賦課決定処分を行った。
　納税者は，当該賦課決定処分を不服として，異議を申し立てたところ，異議審理庁は，一部の処分を取り消し，その他の処分については棄却の異議決定を行った。当該異議決定を経た後の原処分に不服があるとして，納税者は，審査請求を行った。

納税者の主張

　貸付債権を譲渡したことは，次のことから明らかであるから，債権を譲渡したことにより生じた損失の金額は，譲渡した日の属する年分の事業所得の金額の計算において，必要経費に入れるべきである。

納税者の所有する債権については，Ａ社との間で債権総額の３％で譲渡する内容の譲渡契約を取り交わした上で，これを譲渡した。

　Ａ社の代表取締役Ｂは，債権を譲り受けたことについて証明しており，各債務者は，債権者が納税者からＡ社に変更していることは，十分認識している。

　また，納税者がＡ社に対し，債権総額の３％相当額で当該債権を譲渡したことは事実であり，Ａ社は譲渡代金を一括で支払うことができなかった。そのため，債権総額の３％相当額の支払いを受けるまでは，Ａ社から回収代金の40％相当額の支払いを，納税者が受けることを合意したものである。この点について，課税庁は，Ａ社から受け取ったのは，回収代金の40％相当額であり，債権総額の３％相当額の譲渡代金を受け取った事実はないとしているが，これは，Ａ社が譲渡代金を一括で支払うことができないことから，債権総額の３％相当額の支払いを受けるまでは，回収代金の40％相当額の支払いを受けることを合意したものであり，３％で譲渡したことは事実である。

　さらに，貸付債権の中には，自己破産等により貸倒損失が生じているものがあるため，これらの損失については各年分の事業所得の金額の計算上，経費に算入すべきである。

課税庁の主張

　納税者が平成４，５及び６年分において，債権譲渡を行った事実は認められないことから，貸倒れの事実は認められず，事業所得の金額の計算上，必要経費として算入することはできない。なお，貸倒れが発生したのは，平成７年12月以降に回収した債権に係る分を免除した平成７年である。

　納税者とＡ社の間において，貸付債権の残額の３％相当額を譲渡金額としているが，納税者がＡ社から３％相当額の譲渡代金を受け取った事実は認められない。

　次に，納税者は，貸付債権についてＡ社へ取立てを委任し，Ａ社が平成４

年11月から平成7年11月までに回収した債権の元利合計40％相当額を，毎月納税者の口座に振り込ませ，残りの60％相当額を取立手数料としてA社が受け取っていた。

　貸付債権の一部について，A社が平成7年11月まで回収していた事実が認められるが，納税者は，平成7年12月以降に回収した債権に係る分の振込を免除していた事実が認められる。

　また，納税者が主張する貸付債権の貸倒損失については，納税者が税務調査において当該貸倒損失について何ら主張せず，原処分に係る調査及び異議申立に係る調査資料に照らしても，当該貸倒れに関する事実関係等の確認はできない。

審判所の判断

①　A社が回収した金額の売上報告書を作成し，A社が回収した金額の60％相当額を，集金手数料として納税者がA社に対し支払っていることから，譲渡契約書は形式的なもので，実質は債権の取立て委託とみるのが相当である。

②　したがって，債権譲渡の事実が認められない以上，債権を譲渡したことにより損失の金額が生じたとする納税者の主張は認められない。

③　つぎに，所得税法51条2項に規定する損失の金額が必要経費に算入することが認められる場合とは，法律上債権の消滅という事実の発生した日の属する年分，又は債権の全額が回収できないことが明らかになった年分において行うべきものと解される。

④　つまり，納税者が回収不能の理由として主張する自己破産等の確定日は，いずれも，平成3年よりも前であるから，貸倒損失として平成3，4，5及び6年分の必要経費には算入することはできない。

（四方田　彰）

CASE 34 　事業継続を前提とした債務免除と債務免除益の特例の適用

(参考)
最高裁判所　　H19.10.2 決定　　TKC25463486／TAINS Z257-10795
仙台地方裁判所　H17.2.28 判決　　TKC28111251／TAINS Z255-09945
仙台高等裁判所　H17.10.26 判決　TKC28131413／TAINS Z255-10174

［争点］
① 所得税基本通達36－17（債務免除益の特例）の適用基準
② 事業継続を前提とした債務免除に対する基本通達36－17の適用の可否

　会社員である納税者は，共有（持分27分の23）に係る土地上に建物を所有して，建物の賃貸事業を営んでいる。その経緯は，納税者の父が，昭和62年，B株式会社から建物の設備資金の借入れを行い，担保として所有物件に抵当権が設定されていた。納税者は，昭和63年，父から土地の共有持分及び建物並びにB社に対する借入金債務等を相続し，平成元年，B社との間で，納税者が父の各借入債務をいずれも引き受ける旨を合意した。
　納税者はその後，数度にわたり借入内容の変更及び不動産賃貸業の運転資金の借入れを行っていた。B社は，平成11年，有限会社D社に対し，納税者に対する債権を譲渡し，その旨を納税者に通知した。D社は，平成12年3月ころ，納税者に対し，残元金一括弁済期日が経過した後は可能な金額を弁済するよう要求するとともに，建物等の担保物件を評価するため，これを精査していた。同年9月，D社は，担保物件を3億円で任意売却することを納税者に打診してきた。
　納税者は，平成12年12月26日，C銀行から，借入額3億6,000万円の借入れを行った。納税者は，同日，D社との間で，元本残高4億9,012万余円のうち，2億7,000万円を弁済し，残債務2億2,012万余円の免除を受けた。C銀行からの借入額3億6,000万円は，D社への弁済のほか，C銀行に対する債務

2,605万円の弁済，C銀行に対する通知預金（6,100万円）の設定等に充てられた。C銀行は，貸金債権の担保として，D社が担保を解除した物件等に抵当権を設定した。

平成12年分所得税の青色確定申告書を提出した納税者は，債権者から受けた金銭債務の一部免除について，所得税基本通達36－17（債務免除益の特例）の適用があるにもかかわらず，これを看過して所得税を申告したとして減額更正の請求をした。これに対して，税務署長は，更正の理由がない旨の通知処分を行い，債務免除金額を不動産所得の総収入金額に算入すべきであるとの更正等処分を行った。納税者は，税務署長の行った更正処分は違法であるとして，取消しを求めて出訴した。

本事案の争点は，①通知処分の取消しを求める訴えの訴訟要件の有無，②債務免除益に対する課税の基準，③債務免除額を収入金額に算入することの当否であるが，とりわけ，平成12年12月26日，D社が納税者に対して有していた合計4億9,012万余円の債権のうち，同日支払いを受けた2億7,000万円の残債権額2億2,012万余円の債務免除が，納税者に対する経済的利益に該当し，不動産所得の金額の計算上，収入金額として算入されるべきか否かが争われている。

高裁が地裁判決を踏襲して判断を下し，最高裁が上告受理しなかったことから，以下では，地裁判決を検討する。

裁判所は，債務免除は，債務者に対する経済的利益に該当することから，債務免除額は所得税法36条1項の収入金額に算入されるとした上で，基本通達36－17と同一の文言が用いられている，所得税法9条1項10号及び基本通達9－12の2と同様に解して，基本通達36－17の適用は，財産を売却するなどして保有資産がなくなり，収入を得ているとしても生計を維持する程度の最低限の収入にとどまる場合に限られるとして，事業の継続のために必要な資産等の保有が認められ，残債務等の弁済が可能な程度に債務免除を受けた場合には，債務免除益は収入金額に算入すべきであると判示した。

納税者の債務免除の状況からは，納税者が納税能力に欠けているとはいえず，

納税者自らが，資産を処分して債務を清算する途を選ばずに，資産を残したままの事業継続による債務弁済の途を望み，債務免除による負債の減少という経済的利益を求めたことによって，事業継続による債務弁済の客観的見込みが立ったといえる。したがって，本事案では基本通達36－17を適用できず，債務免除額は不動産所得の収入金額に算入すべきであるとの判断を下した。

貸倒損失の必要経費計上と債務免除の収入金額計上とは表裏の関係にある。金銭債権の貸倒損失の必要経費の算入では（所得税法51条2項），債務免除によって法的に債権が消滅する場合だけでなく，債務者の資産状況，支払能力等からみた債権回収不能の場合にも認められる。

地裁判決によると，貸倒損失の必要経費計上と債務免除の収入金額計上では，異なる取扱いがなされることになる。高裁判決は，貸倒損失は債権者にとって経済価値のない金銭債権について会計処理上の問題を解決する手段であり，債務の免除によって法律上の債務が消滅する場合と債務を消滅させずに貸倒れの処理がされる場合とでは，債務者に及ぼす影響が同じではないと判示している。

債務免除益は，原則として，所得税法36条に規定される収入金額に該当する。例外的に，租税公平主義の要請である担税力に応じた課税を実現するために，基本通達36－17が規定され，担税力を持たない債務免除は，例外的に収入金額への計上から除外されている。そうすると，事実認定によって，一見すると債務超過状態に陥っているが，実際には納税者の事業継続を前提に借入れが行われたのと同時に債務免除がなされており，また，納税者は十分な納税資金を準備しており，実質的な担税力を持っているとして，基本通達36－17の適用を否定した地裁判決の判断は評価できる。

納税者の主張

基本通達36－17の適用は，債務免除により経済的な利益を収受したか否か，すなわち，債務免除を受けた時点において債務者に債務免除を受けた部分の債務の支払能力があったか否かを，実質的かつ経済的観点から判断すべ

きである。

　納税者は，債務免除当時，著しい債務超過状態にあり，その資産を処分したとしても，現に残債務の全部を弁済するための資金を調達することはできず，近い将来においても調達することができなかった。

課税庁の主張

　所得税基本通達36－17の適用は，債務者の債務超過の状態が相当期間継続しているか否か，その者の生活費として消費可能な所得が総務省の家計調査における一世帯当たりの年間消費支出額を下回るほどであるか否か，その者の有する信用，才能その他あらゆる可能性をもってしても，近い将来においてその債務の全部を弁済する資金の調達能力がないと認められるか否かなどを考慮して判断すべきである。

　納税者は債務超過状態にあったとしても，その信用，才能等を活用して，現にその債務の全部を弁済するための資金を調達することができた。

裁判所の判断

① 　債務免除は，法的には，債権者が債務者に対する債権を消滅させる行為であり，経済的な面から客観的にみれば，債権者による債権という経済価値の放棄により，債務者の債務という負の経済価値が消滅するというものであり，基本的に経済的利益に当たる。

② 　所得税基本通達36－17は，債務免除が基本的には課税対象たる経済的利益に該当することを前提として，所得税法9条1項10号と同様の場合には，債務免除益が課税対象たる経済的利益に該当しないと解し，これを所得の計算上収入金額に算入しないこととしたものであり，同法の趣旨に沿った合理的な取扱いであって，同法36条1項の解釈の範囲内にあるというべきであるから，租税法律主義に反しない。

③ 　基本通達36－17の趣旨に照らすと，その該当性判断における具体的基準としても，法9条1項10号を受けた基本通達9－12の2の基準が当ては

まる。
④　課税行政上の実務の運用として，個人事業者が事業再生のための債務免除を受けた場合の債務免除益について，基本通達36－17により収入金額に算入されないこととされるのは，財産を売却するなどして保有資産がなくなり，収入を得ているとしても生計を維持する程度の最低限の収入にとどまる場合であり，事業の継続のために必要な資産等の保有が認められ，残債務等の弁済が可能な程度に債務免除を受けた場合には，その債務免除益は収入金額に算入する扱いとされていることが認められ，この運用は，同通達の趣旨に沿った適切な運用である。
⑤　債務免除を受けた納税者の状況は，「債務者の債務超過の状態が著しく，その者の信用，才能等を活用しても，現にその債務の全部を弁済するための資金を調達することができないのみならず，近い将来においても調達することができないと認められる場合」（基本通達9－12の2）に該当するとはいえず，納税者が納税能力に欠けているとはいえない。
⑥　実質的にみても，納税者自ら，資産を処分して債務を清算する途を選ばずに，資産を残したままの事業継続による債務弁済の途を望み，その一環として債務免除による負債の減少という経済的利益を求めた結果，それを前提として事業継続による債務弁済の客観的見込みが立って希望が実現した。
⑦　納税者は，Ｃ銀行からの融資は，①従前の債権の回収に関するＣ銀行の思惑，②納税者がＣ銀行からの増担保の要求に応じたこと，③Ｃ銀行と納税者の顧問税理士との人的関係，などの理由から可能となったもので，融資の実行と納税者の資金調達能力とは関係がない旨主張するが，仮に上記の事情があったとしても，同銀行が納税者の返済能力を超えて融資を実行したとはいえないから，融資実行の事実から納税者の資金調達能力を評価することは不当ではない。
⑧　債務免除に基本通達36－17の適用はなく，債務免除額を納税者の不動産所得の総収入金額に算入すべきである。

（谷口　智紀）

CASE 35　未収貸付利息の計上時期と貸倒損失の必要経費該当性

(参考)
水戸地方裁判所　H7.3.17 判決　TKC28020270／TAINS Z208-7478
東京高等裁判所　H8.4.22 判決　TKC28030275／TAINS Z216-7718
最高裁判所　H10.5.26 判決　TAINS Z232-8168

[争点]

利息制限法の利率を超過する場合の貸倒損失額の基礎となる貸付利息の計上時期

　納税者は金融業を営む個人事業者である。課税庁は，係争年分における納税者の利息収入額について納税者において収支計算を明らかにする帳簿書類の提示がされなかったため，当該収入額は推計によらざるを得なかった。

　当該収入額は，債務者毎の貸付金額に関するメモ，借用証書等に記載されている利息金額及び同書類に記載されていた貸付金額，約定利率から推計された。

　債務者のうち回収の困難な者について，納税者において未収利息債権の一部を貸倒損失として処理を行っていたが，推計のために参考にした約定利率が利息制限法の最高利率を超えるものだったため，裁判所においては当該未収利息の計上時期についての判断が下された。

　すなわち裁判所は，本事案のように収入金額に算入すべき利息等が利息制限法の利率を超過する利率により計算されている場合には，その年における履行期において利息金額が支払われない部分の金額について，利息制限法の利率を超過する部分の金額は未収利息として計上せず，制限利率内の部分が課税の対象となる所得に該当する旨を判示している。

　これは，利息制限法の利率を超過する部分の利息等は，当該約定自体が無効であり，履行期が到来したとしても債権が生じず，所得税法36条1項における「収入すべき金額」に該当しないという解釈によるためである。

一方，貸倒損失の必要経費該当性の判断においては，債務者ごとに，法律上の債権が消滅した場合のほか，「債務者の資産状態，支払能力等の点から債権の弁済を受けることが事実上不可能なことが客観的に明らかな場合であること」から判断している。

納税者は，回収不能原因として個々の生活状況の悪化や不明等の要因を挙げて主張を行ったが，裁判所はこれらの要因について客観的事実が存在しないことをもって貸倒損失の必要経費該当性を否認している。

すなわち，債務者と長期間連絡が取れないことや，資産状態の悪化を推認できることのみでは客観的事実として認められず，納税者において内容証明による債務免除額の通知や，実際の資産状況の裏付けを得られる証拠等の提示により立証する必要がある。

納税者の主張

貸倒れとして損失に計上できるのは，債務者の資力喪失の事実が生じたときというべきであり，債務者自身の能力，社会的信用などを考慮して判断すべきである。債務者における収入の状況や返済の意思，債権回収の努力等を総合的に判断すべきである。

課税庁の主張

貸倒損失額が必要経費として控除されるためには，当該債権が納税者の事業遂行上生じた債権であることが必要であるとともに，次のいずれかに該当することを要するとしている。すなわち，「(1)会社更生法，商法上の整理，特別清算，和議法の規定により切り捨てられた債権……（中略） (2)債務免除の対象となった債権については，債務者の債務超過の状態が相当期間継続し，弁済の見込みがないと認められる場合であって，かつ債権者が債務者に対し，書面により，免除する債務，金額を特定して意思表示した場合 (3)右(1)及び(2)以外の場合で，債務者の資産状況，支払能力等からみて，債権者が

債権の全額について弁済を受けられないことが客観的に確実になった場合」である。納税者の具体的立証が乏しいことからその不利益は納税者が負うべきである。

裁判所の判断

① 金銭消費貸借契約上の利息・損害金債権については、それが現実には未収であっても、その履行期が到来した以上、当該年分の収入金額に算入し、課税の対象となるべき所得を構成するというべきである。

② 収入金額に算入すべき利息及び損害金が、利息制限法所定の利率を超過する利率により計算されている場合には、㈠貸主が、制限超過の利息・損害金を現実に収受したときには、貸主において当該制限超過部分を元本に充当されたものとして処理することなく、従前の元本が存在するものとして取り扱っている以上、現実に収受された利息・損害金の全額が貸主の所得として計算され、課税の対象となり、㈡当該利息・損害金が、約定の年度内に支払われなかったときは、当該制限超過部分の利息・損害金は、その基礎となる約定自体が無効であるから、履行期の到来によっても利息・損害金債権は生ぜず、一般的に収入実現の蓋然性がないというべきであり、したがって、未収である限りは『収入すべき金額』に該当せず、未収の利息・損害金は、法定の制限利率内の部分が課税の対象となるものと解するのが相当である。

③ 貸金業者が貸倒損失を必要経費として計上するためには、当該債権が事業遂行上生じたものであることを要するとともに、債務者の債務超過の状態が相当長期間継続して債権の弁済を受けることが困難である状態のもとで、債権者が債務免除、債権放棄等の意思表示をしたことにより、当該債権が法律上消滅した場合、又は、当該債権が法律上存在する場合であっても、債務者の資産状態、支払能力等の点から債権の弁済を受けることが事実上不可能なことが客観的に明らかな場合であることが必要である。

(茂垣　志乙里)

CASE 36　飲食店の売掛金と貸倒損失

(参考)
東京地方裁判所　H5.10.8判決　TKC28015072

［争点］
飲食代金に係る貸倒損失の計上時期の判断

　本事案は，飲食店を経営していた納税者が，3年分で合計5,200万円余の所得税を脱税したという事案である。裁判所は，その脱税額は少ないものではなく，ほ脱率も通算で約98.8パーセントと極めて高率であり，納税者は，同業者から売上げや仕入れをごまかして脱税するという話を聞き，将来の事業資金を蓄えようと企て，酒類を仮名で仕入れるなどした上，前年度の確定申告の売上金額をもとに申告所得を適当に決めていたものであって，自己中心的で悪質な犯行であると指摘して，懲役1年，罰金1,400万円，執行猶予3年が言い渡された刑事事件である。

　納税者は，貸倒れになった売掛金の金額を各年分の所得金額から控除すべきであるとの主張をしたが，これに裁判所は検討を加えている。本事案の飲食店は，東京・六本木にあるパブ形式の店舗であるが，判決からは，顧客は大手企業に勤務するサラリーマンによる，おそらく接待用の飲食店であることが窺われる。大手企業を相手とするせいか，現金決済ではなく信用取引である掛け売り飲食代金の未回収金が，争点となっている。

　確かに，大手企業を顧客する飲食店に限らなくても，全国に展開するチェーン店を除けば，信用取引，いわゆる付けで酒食を提供する飲食店は少なくない。売掛金リストの作成と回収見込みの検討は，決算業務における重要な作業となる。実務的には，1年以上も来店しない場合には，回収不能として貸倒損失に

計上することは多い。民法174条4号が規定する短期消滅時効に基づく、いわば1年基準の考え方である。

本事案では、この短期消滅時効と貸倒損失の計上について言及していることから、刑事事件ではあるが、実務上、参考になると考える。

裁判所の判断

① 弁護人は、捜査段階で認容された以外にも、昭和62年ないし平成元年中に貸倒れとなった売掛金がある旨主張する。すなわち、(1)Kに対する売掛金は昭和62年中に、(2)C社、M社に対する売掛金は昭和63年中に、(3)N社、H社、M社、O社、F社、I社、R社、K社、S、L、MM社に対する売掛金は平成元年中にそれぞれ貸倒れとなったから、これらの売掛金の金額を各年分の所得金額から控除すべきであるというのである。

② そこで判断するに、事業上の貸倒損失の必要経費算入について規定した所得税法551条2項は、いかなる場合に貸倒れとなるかについて特に定めていないが、同項所定の債権の全部又は一部について切捨てがなされた場合を別とすれば、債務者の資産状況、支払能力等からみて、その全額が回収できないことが明らかになった場合に貸倒損失として必要経費に算入することができると解すべきである。

③ 関係各証拠によれば、納税者が経営していた飲食店はパブ形式の飲食店で、二次会、三次会で利用されることが多く、景気やホステスの善し悪しが客足に反映していたこと、同店には週1、2回来店する常連客のほかに、年数回又はそれ以上の間隔でしか来店しない客がおり、そのような客がいわゆる付けで飲食したときなどは、その後、1年以上を経過して飲食代金が支払われる場合もあること（なお、納税者は、平成5年2月3日付け検察官調書において、「強く代金を請求しないことで長年客として店に来てくれ、さらには忘れずに2、3年後に支払をしてくれる客もある」と供述し、公判定においても、そのような客は少ないが毎年いることを認めている）、本事案で

問題となっている売掛金（以下「本件代金」ともいう）だけをみても，M社及びO社の客に対しては，昭和63年末現在の売掛金が平成元年末時点でもそのまま残っているが，前者については代金を減額することで話がつき，平成2年2月から3月にかけて減額後の代金が支払われ，後者についても同年2月中にその代金が支払われていることが認められる。このような納税者経営の飲食店の営業状況を前提とすれば，未払いの飲食代金のある客が1年以上来店せず，その間に代金の支払いもないという事実だけでは，それが客の支払能力等の悪化に起因しているとみることはできず，したがって，その客に対する売掛金の全額が回収できないことが明らかになったともいえないというべきである。

④　K及びC社，さらにはO社の客については，昭和61年から平成元年までの間に1年以上来店せず，その間に代金の支払いもない事実が認められるものの，それ以外に支払能力等の悪化を示すような事情は窺えないばかりか，関係各証拠によれば，K及びC社の客は，いずれも平成元年中に1回来店して付けで飲食し，数か月以内にその代金全額を支払っており，O社の客も，前にみたとおり，平成2年2月に代金を支払っているから，前記事実は支払能力等の悪化によるものではなく，したがって，そのときに貸倒れが生じたともいえない。また，O社を除く前記①(3)の客については，平成元年中に1回ないし数回来店し，即日あるいは数か月以内にその代金を支払っているから，同年中に本件代金の支払いがないからといって，貸倒れが生じたとはいえないことが明らかである。

⑤　納税者は，前記①の売掛金については民法上の短期消滅時効が完成しているから，時効完成の時点で貸倒れが生じたと解すべきである旨主張する。しかし，売掛金について消滅時効が完成しても，債務者が時効を援用せずに支払うこともあり得るから，これを代金全額の回収不能が明らかになった場合と同視して，貸倒れと認めるのは相当でない（本事案においても，前記のように1年以上の期間をおいて代金が支払われる場合があるのであり，また，起訴に係る3年分につき，売掛金の貸倒れとして認容したものを記載した貸

倒金調査書，捜査報告書（貸倒金）を検討しても，貸倒れの理由として，納税者からの請求に対し，時効を援用してその支払を拒んだというものは見当たらない）。

　以上のとおり，貸倒れについての納税者の主張は採用できない。

(林　仲宣)

CASE 37　賃借人の債務超過と貸倒損失

(参考)
東京地方裁判所　H17.6.23判決　TKC25420206／TAINS Z255-10062

[争点]

　債務超過ではあるが，経常利益を計上している賃借人に対しての未収賃貸料を貸倒損失として必要経費に算入することができるか

　納税者は自らが設立したA社に対して平成3年から駐車場を月額161万4,113円で賃貸し，不動産収入を得ていた。しかし，A社が十分な売上げを上げることができず，当初より一部が未払いとなっていた。そして，納税者は平成10年3月31日及び平成11年3月31日の2回，A社に対して未払賃料500万円を免除する旨の通知を行い，これを貸倒損失として必要経費に算入し，平成10年分及び平成11年分の所得税確定申告を行った。

　しかし，課税庁はA社が債務を弁済できない状態に陥っていたとはいえないとして貸倒損失を必要経費の額に算入することはできないと主張した。

　A社は設立当初は多額の損失を抱え，平成10年当時債務超過状態であった。しかし，平成8年3月期から平成11年3月期までの間は毎年，平均7,388万円余りもの経常利益を計上しており，平成12年3月期から平成15年3月期までの間も平均4,394万円余りの経常利益を計上していた。

　裁判所が確認したように，所得税の所得計算上貸倒損失を必要経費に算入することができるのは，債務者において債務超過の状態が相当期間継続し，その経営状態に改善の兆しがないなどの事情により，当該債権につき必要経費として計上する対応額全額について客観的に回収の見込みがないことが確実になったことが明らかになった場合，といえる。

A社は納税者が貸倒損失を計上した当時，既に多額の経常利益を計上することができるまでに経営は改善していたといえ，客観的に回収見込みがないことが確実になっていたとはいえない。貸倒損失の計上は認められないだろう。

納税者の主張

　A社は，納税者が平成元年7月に設立し，平成3年7月からフィットネスクラブの営業を開始したものであるが，開業時の多額の投資に見合った売上げを得ることができなかった。納税者の父である乙からは営業用の建物（賃料月額1,680万円）を，納税者からは駐車場を，それぞれ賃借していたものの，平成7年3月末で5億円を超える累積赤字があり，納税者及び乙に対する未払賃料を弁済する資力がなかった。そこで，納税者は，平成10年及び平成11年，それぞれ500万円の未払賃料を免除することとし，A社に対して，その旨の通知をしたものである。したがって，両年において，債務免除額各500万円を貸倒損失として不動産所得の計算上必要経費に算入するべきである。

　なお，A社の金融機関からの借入れについては，納税者及び乙が連帯保証人となっており，その経営を継続するためには，また，納税者らが破産しないためにも，その返済を続けざるを得なかったものである。したがって，金融機関への返済が継続している事実をもって，貸倒損失であることを否定する理由とすることはできない。

課税庁の主張

　納税者は，A社に対して賃貸している駐車場の未収賃料があったところ，その経営状態に照らして回収が不可能であったため，同金額を免除したものであるから，貸倒損失に該当し必要経費の額に算入すべきであると主張する。しかし，(1)納税者とA社との間の具体的な債権額を帳簿書類等から確認することはできず，賃料債権の存在自体明らかではないこと，(2)A社は平成8年

３月期から平成15年３月期まで連続して利益を計上し，繰越欠損金がなくなった平成12年３月期以降は法人税を納付しているほか，銀行からの長期借入金を着実に返済し，新たな融資を受入れているなど，債務を弁済できない状態に陥っていたとはいえないことから，これを貸倒損失として不動産所得の計算上必要経費の額に算入することはできない。

裁判所の判断

① 不動産所得その他の所得の計算上，貸倒損失を必要経費に計上することができるのは，債務者において債務超過の状態が相当期間継続し，その経営状態に改善の兆しがないなどの事情により，当該債権につき必要経費として計上する対応額全額について客観的に回収の見込みがないことが確実になったことが明らかになった場合であることを要するものというべきである。

② この点について，納税者の主張は，そもそも債権額及び発生時期の点において未収賃料の特定が必ずしも明確ではないが，この点をおくとしても，Ａ社の状況をみると，確かに，その損益計算書等において，債務超過の状態が相当期間継続していることとされているものの，平成８年３月期以降は毎年相当額の経常利益を上げて繰越欠損金も減少していること，金融機関からの借入れと思われる長期借入金が返済によって減少していっていること，また，駐車場の賃料についても，平成９年には，過去に発生した分と合わせてＡ社から4,360万円の弁済を受けたことを，少なくとも国税不服審判所長に対する審査請求当時納税者自ら認めていたことからすると，平成10年及び平成11年には，Ａ社の経営状況は改善しつつあったと認められるのであって，駐車場の未収賃料の全部又は一部について客観的に回収の見込みがないことが確実になったことが明らかになった場合には当たらないと解するのが相当である。

③ なお，納税者は，Ａ社は，その経営を継続するため，また，連帯保証人となっている納税者及び乙が破産に至ることを回避するため，金融機関に対して返済を続けていたにすぎないから，その事実をもって，未収賃料が回収

不能であることを否定する根拠にはできないと主張している。しかし，上記のとおりの判断にあたっては，金融機関に対する返済の事実のみから，結論を導くものではないから，納税者の上記主張は採用の限りではない。

④　したがって，A社からの未収賃料は，納税者の不動産所得の計算上，貸倒損失として必要経費に算入することはできないことになる。

(髙木　良昌)

CASE 38 事業遂行上生じたものとは認められない貸付金と貸倒損失

(参考)
国税不服審判所　H4.12.9裁決　TKC26010814／TAINS J44-2-09

[争点]
① 貸付金が，所得税法51条2項における，事業遂行上生じた貸付金であったかどうか
② 貸付金と，事業による収入との間に相当因果関係が認められるか否か

　被相続人は生前に個人で不動産仲介業を営んでおり，相続人A男ほか2名に対し多額の貸付金を有していた。当該貸付金については，それぞれ貸倒れが発生していたとして，相続人A男は被相続人の所得税の確定申告において，当該貸付金そのものが事業に関連して発生した貸付金であり，回収不能となったため貸倒損失を必要経費に算入して申告を行った。
　これに対し課税庁は，必要経費に算入した当該貸付金の貸倒損失については，事業所得を生ずべき業務について生じた費用とは認められず，被相続人の事業所得の金額の計算上，必要経費に算入すべきではないとされたため，当該貸付金が事業遂行上生じた貸付金であったかどうか争われた事案である。

納税者の主張

　被相続人の各年分の事業所得の金額の計算上必要経費に算入していた相続人であるA男，B男及びC男に対する貸倒金について，必要経費に算入できないとしているが，同人らに対する貸倒れは存在し，貸倒損失を認めるべきである。

A男に対する被相続人の貸付金の総額は、8億1,000万円であり、A男には何らの資産もなく、回収不能であることが確定したため、当該債権を放棄して貸倒れとなったものである。また、被相続人とA男は30年来の釣り仲間で個人的な付き合いから貸し付けたのであって、不動産業に係る業務上の取引はないと課税庁はしているが、被相続人とA男が釣りに同行した事実はなく、業務上の貸倒れであることは、課税庁に説明したとおりである。

　B男に対する被相続人の多額の貸付金は、国税局の査察調査で確認された金額を、貸倒損失として申告したものである。また、B男の経営する会社が休眠状態であり、B男を追及しようにも同人が行方不明であったことは査察調査で明らかであり、貸倒れは明白な事実である。

　C男に対する被相続人の貸付金250万円のうち、返済を受けた50万円を除く200万円は、既に10年を経過した債権であり、貸倒れとなっていることは明白である。

課税庁の主張

①　A男に対する貸付金8億1,000万円については、「債務確認及び債務弁済契約書」において確認している。その後、被相続人からの借入金について、債権を放棄してもらったが、被相続人とは30年来の趣味（釣り）の上で個人的な付き合いはあるが、不動産に係る業務上の取引はない旨、調査担当職員に申し述べていることや、貸倒れになったことを証する資料の提示がないため、貸倒れが確定したとする事実は確認できず、また、当該貸付けが事業遂行上生じたものとは認められない。

②　B男に対する貸付金については、金銭の貸付け及びその返済期限を定めた契約書が確認されていない。その上、被相続人からの借入金について、返済の意思を示したことや、被相続人とは借入金の整理や生活費の援助等個人的な付き合いはあるが、不動産業に係る業務上の取引はないと述べていることからも、被相続人のB男に対する貸付金は、その金額が不明瞭であるばかりか、貸倒れが確定したとする事実は確認できず、当該貸付けが被相続人の

事業の遂行上生じたものであるものとは認められない。
③　C男に対する貸付金については，被相続人から借りた250万円のうち，50万円は返済しているが，残りの200万円は土地売買に関する手数料として受け取ったもので借入金ではない旨回答していることが確認される。
　以上の理由から，被相続人の事業所得の金額の計算上，必要経費に算入した貸倒金のうち，事業所得を生ずべき業務について生じた費用とは認められない部分の金額は，被相続人の事業所得の金額の計算上，必要経費に算入すべきではない。

審判所の判断

①　A男は，調査担当職員に対し，被相続人とは，仕事上の取引はなく個人的な付き合いであることを申述しており，被相続人は，仲介者からA男に対する事業資金の貸付けを依頼され，当時所持していた資金をA男に貸し付けたもので，自己の不動産取引に関係した貸付金ではなかった。また，被相続人は金融業を営んでおらず，利息の取り決めもなく，担保の差し入れもなかった。以上から，A男に対する貸付金は不動産取引に関した貸付金とは認められず，更に，被相続人は貸金業を営んでいないことから，当該貸付金が被相続人の事業遂行上生じたものと解することはできない。
②　B男については，A男同様に調査担当職員に対し，被相続人とは仕事上の取引は全くなく個人的な付き合いである旨を申述しており，更に，被相続人のB男に対する貸付金は，いくらであるかは明確ではない。また，被相続人は貸金業を営んでおらず，B男に対する貸付金が事業の遂行上生じたものとは認められない。
③　C男に対する貸付金は，被相続人自身の所有する不動産の売買に起因して発生したもので，被相続人の不動産仲介に係る事業所得に関連して生じた貸付金とは認められない。
④　所得税法51条2項における，事業の遂行上生じた貸付金等の貸倒れにより生じた損失の金額とは，事業による収入との間に相当因果関係の認めら

れる貸付金をいうものと解するのが相当である。
⑤　被相続人のように個人で不動産仲介業を営む者が，多額の貸付金をすることが事業所得を得るために通常必要であるとは考えられず，また，被相続人も事業上の貸付金とは認識していなかった事実も認められ，更に被相続人が金融業を営んでいた事実もないから，Ａ男ほか２名に対する貸付金が被相続人の事業遂行上生じたものとは到底認められない。
⑥　したがって，Ａ男ほか２名に対する貸倒損失は，いずれも被相続人の事業所得の金額の計算上，必要経費に算入できない。

(四方田　彰)

第3章
計上時期が争点となった事例

CASE 39 破産手続を行った場合の貸倒れの時期

(参考)
国税不服審判所　H20.6.26 裁決　TKC26012191／TAINS J75-3-21

[争点]

法人の破産手続と破産債権に係る貸倒れの時期の関係について，売掛債権に係る貸倒損失の計上時期

　本事案で納税者は，債務者が破産申立てを行った当時の年間売上げは1億円前後で，債務者に対する届出債権が1,700万円余りであり経営状態からもできる限りの債権回収を行うことが必要不可欠であるため債権回収をその時点で放棄することはできなかったという事情にあったという。

　これに対して課税庁は，法人税基本通達の定めによる貸倒損失の計上にあたっては，回収不能が明確になった限りにおいて，直ちに貸倒処理を行うというのが法律上ないし企業会計上の考え方であり，いやしくもこれを利益操作に利用することは，公正妥当な会計処理とは認められないというべきであるから，納税者が資金繰り等大変な経営危機の状態であったからといって貸倒損失の計上を見送ることは企業会計上認められず，法人税法上においても，法人税法22条4項に規定する一般に公正妥当と認められる会計処理の基準に従って計算していないこととなると指摘している。

　納税者は，本来，貸倒損失の計上が可能であるにも関わらず，貸倒処理を企業の経営判断で先送りしている。その経営判断が，公正妥当な会計処理であるかどうかはともかく，課税庁が前提とする税務の取扱いに基づかなくても，法的な手続を判断基準におく裁判所の見解は，当然といわざるを得ない。

納税者の主張

　債務者の破産について強い疑義を持ち，最後配当を受領した以後も売掛債権の回収を図る意図で経理上も同債権を計上してきたものである。そして，平成18年９月に至って，債務者の代表取締役であったＧが所在不明で売掛債権の回収は困難であると判断し，平成18年９月15日に取締役会を開催し，売掛債権は全額回収不能であると認識し，事業年度において貸倒処理をしたことから，同日をもってその金銭債権の全額が回収できないことが明らかになったと認めるのが相当である。

課税庁の主張

　破産終結となった事実が全ての債権者に明らかとなるのは，最後配当が終了し破産管財人の任務終了による債権者集会が終結し，裁判所が破産手続終結の決定を行い，これを官報に公告した日であることから，売掛債権は，官報に公告した日である平成11年○月○日をもって，法人税基本通達９－６－２にいう，その金銭債権の全額が回収できないことが明らかになったと認めるのが相当である。

審判所の判断

①　法人税法22条３項３号は，内国法人の各事業年度の所得の金額の計算上当該事業年度の損金の額に算入すべき金額として，当該事業年度の損失の額で資本等取引以外の取引に係るものと規定し，また，同条４項は，同条３項３号に掲げる額は，一般に公正妥当と認められる会計処理の基準に従って計算されるものとする旨規定している。また，法人の有する金銭債権について貸倒れが発生した場合には，その貸倒れによる損失はその法人の損金の額に算入されることとなるが，これは，その貸倒れによって金銭債権の資産価額が消滅すること，つまり，貸倒れによる金銭債権全体の滅失損を意味する。

②　法人が所有する金銭債権が貸倒れとなったか否かは，第一次的には，その金銭債権全体が滅失したか否かによって判定され，その債権が滅失してい

る場合には，法人がこれを貸倒れとして損金経理しているか否かにかかわらず，税務上はその債権が滅失した時点において損金の額に算入することとなる。

③　法人の破産手続においては，配当されなかった部分の破産債権を法的に消滅させる免責手続はなく，裁判所が破産法人の財産がないことを公証の上，出すところの廃止決定又は終結決定があり，当該法人の登記が閉鎖されることとされており，この決定がなされた時点で当該破産法人は消滅することからすると，この時点において，当然，破産法人に分配可能な財産はないのであり，当該決定等により法人が破産法人に対して有する金銭債権もその全額が滅失したとするのが相当であると解され，この時点が破産債権者にとって貸倒れの時点と考えられる。

④　破産の手続の終結前であっても破産管財人から配当金額が零円であることの証明がある場合や，その証明が受けられない場合であっても債務者の資産の処分が終了し，今後の回収が見込まれないまま破産終結までに相当な期間がかかるときは，破産終結決定前であっても配当がないことが明らかな場合は，法人税基本通達９－６－２を適用し，貸倒損失として損金経理を行い，損金の額に算入することも認められる。

⑤　納税者は，債務者に係る破産手続に関して，破産法の破産債権の届出の規定に基づき，売掛債権を破産債権届出書に記載し地方裁判所に届出をし，また，破産法の最後配当の規定に基づき平成11年２月16日に最後配当を受領している。そして，破産法の破産管財人の任務終了の場合の報告義務等の規定する破産事件の債権者集会が地方裁判所において開催され，破産法の破産手続終結の決定の規定に基づき，破産事件が平成11年６月〇日に終結したとして同年〇月〇日付の官報に公告されており，これら手続は全て破産法に基づき適法に行われている。

⑥　法人の破産手続においては，前記のとおり，自然人の破産手続とは異なり，配当されなかった部分の破産債権を法的に消滅させる免責手続はないが，裁判所が破産法人の財産がないことを公証の上，出すところの廃止決定又は

終結決定がなされた時点で当該破産法人は消滅することとなり，当該破産法人が消滅することにより，法人が破産法人に対して有する金銭債権も滅失することとなる。したがって，債務者の破産手続終結の決定がされた時点において貸倒損失が発生したとするのが相当である。

⑦　納税者は，債務者が破産申立てを行った当時は納税者の経営状態から売掛債権の回収を放棄することはできず，最後配当を受領した以後も売掛債権の回収を図ろうとし，平成18年9月に至って，債務者の代表取締役であったGが所在不明で売掛債権の回収は困難であると判断し，平成18年9月15日に取締役会を開催し，売掛債権は全額回収不能であると認識したことから，同日をもって売掛債権の全額が回収できないことが明らかになったと認めるのが相当である旨主張する。しかしながら，債権者集会が開催され法人の破産手続が終結した日（平成11年6月○日）以後，何らGに対して法的な回収手続を講じていないことからすれば，G個人が納税者が有する納税者に対する売掛債権の法的な弁済義務を負っていたとは認められず，また，売掛債権は，当該破産手続終結の決定があった日に滅失したと認められるから，仮に納税者が破産事件の終結以後も債務者の破産について疑念を持ち，G個人から同債権を回収しようとする意思が存在していたとしても，個人保証等により法的にG個人が弁済義務を負わない以上，当該売掛債権は，債務者が消滅した時点で滅失するのであるから，この点に関する納税者の主張には理由がない。

（林　仲宣）

CASE 40 貸倒損失の計上時期

(参考)
国税不服審判所　H15.2.19裁決　TKC26011762／TAINS J65-3-32

[争点]

　金銭債権につき，その債務者の資産状況，支払能力等からみてその全額が回収できないことが明らかになった場合の判断基準

　本事案は，貸金業を営む納税者の有する金銭債権を貸倒金として損金に算入できるか否かが争われた事例である。

　納税者は，平成9年3月期の法人税申告において，債務者Gに対する金銭債権1,296万960円（以下「甲債権」という），債務者Hに対する金銭債権511万5,000円（以下「乙債権」という）及び債務者J他15名に対する金銭債権計2,739万7,308円の合計額4,547万3,268円が回収不能となったとして，損金の額に算入した。

　また，平成10年3月期の法人税申告において，債務者Kに対する債権5,357万7,310円が回収不能となったとして，損金の額を算入した。

　これに対して課税庁は，これら金銭債権については，昭和62年3月期及び昭和63年3月期又は平成元年3月期において，既に回収不能の状態にあったと認められるから，その金銭債権について貸倒金として計上する時期は，法人税基本通達9－6－2により，昭和62年3月期及び昭和63年3月期又は少なくとも平成元年3月期であり，事業年度の損金の額に算入することができないとして更正処分を行った。

　貸倒損失の計上時期については，事実に基づいて客観的に判断されるべきものであるが，納税者の主観的な判断が入りやすく，貸倒れに関する判断基準が

あいまいなことから，納税者と課税庁との争いは絶えない。

納税者は，債務者について破産，死亡，行方不明，資産状況を確認し，全額が回収できないことが明らかになったとして損失を計上した。

しかし，審判所は，担保を処分した後でなければ，たとえ債務者が家出同然の状態だとしても，貸倒損失の計上はできないとした。また，連帯保証人に対する債権の支払いを請求していないことや債務者が死亡したにもかかわらず債務の継承者が存在していることから，全額回収不能とはいえないとして，納税者の主張を認めなかった。

納税者の主張

甲債権，乙債権及びKに対する代物弁済後の金銭債権（以下「丙債権」という）は，いずれも法人税基本通達9－6－1に定める法律的に消滅した債権あるいは同通達9－6－2に定める法律上債権は存在するが，事実上回収不能にある債権に該当することから，事業年度の損金の額に算入すべきである。

甲債権は，Gが平成8年夏頃から家出同然となり，納税者と連絡も取れない状況の中で，多方面に負債を抱え，みるべき資産もないことが平成9年3月期に確認されたことから，基本通達9－6－2に定める法律上債権は存在するが，事実上回収不能にある債権に該当する。

乙債権は，Hが平成6年5月に死亡し，同人は独身であり，その当時みるべき財産もなく，同人の相続人及び債務の継承者も存在しないことが平成9年3月期に確認されたことから，基本通達9－6－1に定める法律的に消滅した債権に該当する。

丙債権は，平成9年10月末にKの病死情報が納税者にもたらされたので，早速債権整理に着手したが，同人には処分できる資産もなく，同人の相続人及び債務の継承者も存在しないことが平成10年3月期に確認されたことから，基本通達9－6－1に定める法律的に消滅した債権に該当する。

課税庁の主張

　これら金銭債権については，昭和62年3月期及び昭和63年3月期又は平成元年3月期において，既に回収不能の状態にあったと認められるから，その金銭債権について貸倒金として計上する時期は，法人税基本通達9－6－2により，昭和62年3月期及び昭和63年3月期又は少なくとも平成元年3月期であり，本件事業年度の損金の額に算入することができない。

　通常の回収努力をしていたとすれば，債務者の死亡後貸倒金として認識するのに2年ないし3年の期間を要するとは考えられず，債務の継承者が存在しないこと等を確認するために要した期間についての具体的又は客観的な資料の提示がない。

　納税者が金融業を営む法人であることからすれば，納税者は不良債権に係る回収の能否に最大の関心を有している債権者であり，債権の回収状況について的確に把握しているものとみられるのが当然であるところ，最終取引日以降貸倒金として計上するまで，約12年間ないし10年間の回収努力の実績を客観的に示すことができないとすれば，もはや甲債権及び乙債権について何ら回収努力をしていないものと判断されることから，甲債権及び乙債権の全額が明らかに回収不能となったのは，昭和62年3月期であると認められる。

　丙債権が明らかに回収不能となったのは，その一部を貸倒れとして処理した昭和63年3月期又は少なくともKの破産宣告に対する破産終結決定がされた平成元年3月期であると認められる。また，納税者は，昭和62年損害賠償請求事件において，Kは支払不能状態であることを申し述べており，また，同人が自己破産申請中であることを認識していることからすれば，私的回収方法は皆無となり，同人の資産状況及び支払能力等からみて完全に債務超過の状態にあり，丙債権の全額が回収不能であることを合理的な理由をもって判断していたものと認められる。

審判所の判断

① 甲債権に関しては，Gが所有する山林に対し，根抵当権を設定したまま，平成9年3月期末現在においても，それを抹消していないこと，甲債権の連帯債務者及び連帯保証人は，平成9年3月期末現在においても，田及び原野等を所有していることから，平成9年3月期において，貸倒れ（回収不能）の事実が発生していたとは認められない。

② 乙債権については，乙債権の債務者であるHには，兄弟姉妹が生存しているから，相続人が不存在であったということはできず，仮に兄弟姉妹が相続放棄の申述を行っていたとしても，債務者の死亡及び相続人不存在が民法上の債権の消滅原因である弁済，代物弁済，供託，相殺，更改，免除及び混同に該当せず，それにより乙債権が法律上消滅することにはならない。また，Hが所有する宅地に対し，根抵当権を設定したまま，平成9年3月期末現在においても，それを抹消していないこと，乙債権の連帯保証人は平成9年3月期末において，個人で事業を営み，所得税の確定申告を行っており，納税者から乙債権の履行を求められたことは全くない旨答述していることから，平成9年3月期において，貸倒れ（回収不能）の事実が発生していたとは認められない。

③ 丙債権については，納税者は，昭和62年損害賠償請求事件において，Kが昭和59年11月当時，多額の焦げ付きを発生させ，支払不能の状態となっていた旨主張しており，Kは昭和61年5月に自己破産を申立て，63年11月に完結されていることから，遅くとも，Kに係る破産手続が完結した日の属する平成元年3月期において貸倒れが発生していたものであり，平成10年3月期においては，当該債権に係る貸倒れの事実が発生していないこととなる。

（角田　敬子）

CASE 41 停止条件付債務免除契約における貸倒損失の計上時期

(参考)
国税不服審判所　H11.12.22 裁決　TKC26100035／TAINS F0-2-169

[争点]

　和解契約において債務免除に条件が付されている場合，貸倒損失を損金に計上することが可能となる時期の判断基準

　本事案は，1,157万円ほどの売掛金請求事件において裁判上の和解が成立し和解調書が作成されたが，調書には次のような事項が定められていた。

　A　債務者は550万円を分割して支払う。
　B　債務者が支払いを怠り，それがある額に達した時には期限の利益を失い，当初債権額の全額に遅延損害金を加算し既払額を控除した残額を一時に支払う。
　C　債務者が期限の利益を喪失することなく支払いを完了した時は，債権者はその余の支払義務について訴求しない。

　納税者は和解調書が成立した平成7年末ではなく，その和解内容を通常総会にて承認された平成8年度に貸倒損失として780万円を計上した。

　課税庁は債務者が和解金（550万円）を完済していないし，債務免除を行った明確な事実関係が認められないとして課税処分を行った。

　審判所も同様に課税処分は適法であるとした。

　裁判上の和解によって作成される和解調書による請求の放棄は確定判決と同一の効力を有する（民事訴訟法267条）が，債務者の和解金の弁済を担保しようとして停止条件が付されることもある。停止条件付の和解では，調書作成時に債権切り捨て額が完全には確定していないため，債務者が和解金全額を完済

しない限り貸倒損失の計上は課税当局に否認される。

納税者の主張

債務者は平成6年において既に倒産し，債務を弁済することができない状態にあった。そして，和解により，債務者から和解金を限度として弁済を受け，これを超える額は債務免除する旨を協議決定している。

平成8年2月開催の通常総会において，和解の内容を承認する旨の決定を得たこと及び平成8年度の損失として計上する旨の議決を得たことから，貸倒損失が確定した。したがって，法人税基本通達9－6－1（金銭債権の全部又は一部の切捨てをした場合の貸倒れ）の(3)のロの定めにより，債権から和解金を差し引いた金額は貸倒損失に該当することとなる。

課税庁の主張

納税者は，平成8年度中において，債務者から毎月，和解金の返済を受けている。

平成8年度末において和解金が完済されていない。

納税者が債務免除を行った明確な事実関係が認められない。

以上のことから法人税基本通達9－6－1の(3)のロが適用できる貸金の全部又は一部の切捨てをした場合に該当しないため，納税者の主張は理由がない。

審判所の判断

①　納税者は，当審判所に対し，和解金の支払状況について「支払は和解調書のとおり受けており，和解した金額については，弁済を受けられると思っている」旨答述している。

②　貸倒損失の取扱いについては，法人税法上特段の規定はないが，法人税基本通達9－6－1の(3)では，法令の規定による整理手続によらない関係者

の協議決定のうち，〔1〕債権者集会の協議決定で合理的な基準により債務者の負債整理を定めているもの及び〔2〕でその内容が上記〔1〕に準ずるものにより切り捨てられることとなった部分の金額を，その事実が発生した日の属する事業年度において貸倒れとして損金の額に算入することと定められているが，当審判所においても，これらの定めは相当であると認められる。
③　これについてみると，和解は行政機関又は金融機関その他の第三者のあっせんによる当事者間の協議により締結された契約に該当すると認められる。
④　しかしながら，基本通達9－6－1の(3)のロは関係者の協議決定により現に債権が切り捨てられている場合に適用されるのであるが，和解の条項B，Cによれば，和解は和解金を完済したときにはじめて効力が発生する停止条件付きの債務免除であると認められ，上記の支払い状況の答述及び当審判所の調査によると，和解金は平成8年度において完済されているとは認められないことから，和解によって平成8年度において債権の切り捨てがあったとは認められない。したがって，納税者が貸倒損失として損金の額に算入した金額は貸倒損失に該当しない。
⑤　以上のことから，更正処分は適法である。

(小野木　賢司)

CASE 42　保証債務の損金計上時期

（参考）
国税不服審判所　H6.12.22裁決　TKC26010983／TAINS J48-2-03

[争点]
　確定判決を得て負担する債務金額が確定した保証債務につき，現実に履行する前でもその年度の損金とされるか否か

　納税者は，パチンコ業を営んでいた個人であるが，帳簿に記載がない（簿外）旅費交通費，接待費・慶弔費を含めて確定申告をしていた。
　昭和63年4月に税務調査が行われ，納税者の主張によってその一部が経費と認められたことから，その他に存在する開店資金としての借入金（こちらも簿外）とそれに伴う支払利子，追加の旅費交通費等もあわせて経費として認められるべきであると請求した事案である。
　納税者が主張する追加経費に関しては，証拠資料の提示がなく，答述も不確かな点が散見されたため否認された。
　保証債務をいつ貸倒損失として事業経費とするべきかに関しては，納税者は確定判決で確定した日であると主張したのに対し，課税庁は保証債務を実際に履行し，求償権が行使できなくなった日であると主張した。
　審判所は，所得税法51条2項に定める「損失の生じた日」，所得税法施行令141条2号に定める「保証債務の履行に伴う求償権の全部又は一部を行使することができないこととなったこと」により，実際に保証債務を履行し，かつ求償権が行使できなくなった時の事業年度に算入するべきであるとして，課税庁の処分を認めた。

納税者の主張

　連帯保証した保証債務1,800万円は，地方裁判所において昭和61年12月26日の和解判決で確定しており，事業所得の金額の計算上，その全額を昭和61年分の必要経費の額に算入すべきである。
イ　保証債務は，取引先であるAがB信用組合から借り入れ，納税者が連帯保証したものである。
ロ　地裁の和解判決の和解条項では，保証債務を昭和62年1月から平成元年12月まで，毎月25日に50万円ずつ分割して支払うこととなっている。

課税庁の主張

　納税者は，保証債務を債務が確定した昭和61年分の貸倒損失として，事業所得の金額の計算上，その全額を必要経費の額に算入すべき旨主張する。
　しかしながら，保証債務に係る貸倒損失については，所得税法51条《資産損失の必要経費算入》2項，同施行令141条《必要経費に算入される損失の生ずる事由》2号に保証債務の履行に伴う求償権の全部又は一部を行使することができないこととなった場合に，必要経費の額に算入すると規定されている。
　すなわち，保証債務については，現実にこれを履行した後でなければ貸倒金の対象とすることができないこととされている。
　そうすると，昭和61年12月26日の地裁の和解判決により確定したことをもって，直ちに事業所得の金額の計算上，昭和61年分の必要経費の額に算入することはできない。

審判所の判断

①　納税者は，保証債務の額を保証債務が確定した昭和61年分の貸倒損失として，全額を必要経費の額に算入すべきである旨主張し，必要経費の額に算入すべき年分に争いがあるので審理する。
②　保証債務は，納税者が漆器販売業をも営んでいたころの取引先であるA

の借入金（貸主はＢ信用組合）に対し，納税者が連帯保証した事業に関連した債務である。地裁の和解調書において，保証債務が確定したのは，昭和61年12月26日である。納税者は，個人営業を昭和63年8月31日に廃業している。

③　Ａは，昭和58年5月ごろから行方不明で，かつ処分する資産もないことから，納税者は保証債務の履行に伴う求償権を行使できない。保証債務の1,800万円について，納税者がＢ信用組合に弁済した金額は，遅延損害金も含めて昭和62年中に450万円，昭和63年中に300万円，平成元年中に1,125万円である。課税庁は，納税者が昭和62年に履行した保証債務額450万円を同年分の必要経費として認めている。納税者は，昭和63年中に弁済した保証債務300万円については昭和63年分の確定申告により，また，平成元年中に弁済した保証債務1,125万円については，昭和63年分の更正の請求により，所得税法63条《事業を廃止した場合の必要経費の特例》の適用を求め，それぞれ弁済額の全額を必要経費として認められている。

④　ところで，保証債務に係る貸倒損失については，所得税法51条2項及び同法施行令141条2号において，保証債務の履行に伴う求償権の全部又は一部を行使することができなくなった場合に，必要経費に算入する旨規定されている。

⑤　すなわち，必要経費の額に算入できる時期は，保証債務を履行し，かつ，求償権の行使ができなくなった時であると解されている。

⑥　したがって，保証債務については，求償権の行使ができなくなったことが認められるから，実際に保証債務を履行した年分の事業所得の金額の計算上，必要経費の額に算入するべきであり，保証債務が確定した年分の必要経費に全額算入すべきとの納税者の主張は採用できず，昭和62年に実際に保証債務を履行した450万円のみを同年分の貸倒損失として事業所得の金額の計算上，必要経費の額に算入した原処分は相当である。

（小野木　賢司）

CASE 43 金銭貸付行為の事業性判定基準と貸倒損失の計上時期

(参考)
名古屋地方裁判所　H4.4.24 判決　TKC22005568／TAINS Z189-6897
名古屋高等裁判所　H5.9.30 判決　TKC22007958／TAINS Z198-7202
最高裁判所　H6.10.25 判決　TKC28011158／TAINS Z206-7401

[争点]
貸付金の担保物の処分と貸倒損失の計上時期

　建設業を営む会社の代表取締役である納税者が個人で行っていた昭和49年ないし昭和51年分の貸金業の所得について，金銭貸付行為について事業所得として所得の計算を行い，貸付先である甲及び乙等に対しての金銭貸付行為による所得の計算上生じた損失の金額を他の所得と合算して損益通算を行った。これに対して課税庁は，昭和53年3月納税者の金銭貸付行為による所得は「雑所得」に該当するとして更正処分及び過少申告加算税の賦課決定処分を行ったことから，納税者は，総所得金額の算定に当たり，金銭貸付行為による所得の計算上生じた損失の金額を他の所得と合算して損益通算することができ，また，通算をした場合，各課税処分は納税者の所得金額を過大に認定したものでないことを請求理由とし各処分の取消等を求めて出訴した事案である（なお，上告棄却された納税者の主張の検討は省略している）。

　納税者には，事業所得における「事業性」の判断をする場合に「型式面」を備えるとともに，裁判においては，「実質面」をも考慮した事実認定が行われることを踏まえて，貸金業が商人としての営利性，有償性を有し，かつ，反復継続して遂行する意思と社会的地位とが客観的に認められる態様で行われることが求められている。

納税者の主張

　貸付行為は，所得税法上の「事業」に該当し，貸付けによる所得の計算上生じた損失の金額は事業所得の計算上生じた損失の金額として損益通算の対象となる。

　甲に対する貸付金のうち，昭和48年12月17日及び同月19日に訴外Ａ所有の土地を担保にして合計２億円を貸し付けた分については，昭和49年に同人から一部代物弁済がされて残元本2,173万2,000円となったが，これについて納税者が同年12月13日に強制執行をしたところ３万7,500円相当の家財道具等の差押えがされただけで，実質的には回収不能と評価すべき状態であった。したがって，債権については，同年において貸倒処理されるべきものである。納税者は甲から昭和50年に3,550万円を回収しているが，これは，納税者の甲に対する貸付金のうち，昭和49年２月27日及び同年３月７日に訴外Ｂ所有の土地を担保に合計4,654万円を貸し付けた分についての元本の返済である。また，右返済を受けることになった同年２月21日付の調停調書において残債務を免除しているので，この債権については昭和50年度の利息は発生していない。また貸付金4,654万円と回収金3,550万円の差額1,104万円は，昭和50年分において貸倒処理されるべきである。

　乙に対する貸付金については，以下の事情により昭和49年中に貸倒れとなったというべきであるから，課税庁が昭和49年分ないし同51年分につき未収利息を収入金額に計上するならば，各年分につきそれぞれ同額を貸倒処理金額として計上すべきものである。乙は，昭和49年５月頃行方不明となり，同人にはこれといった財産は何もなかったため，同人からの債権回収はまったく不能な状態であった。

　納税者は乙に対して１億5,070万円の貸金を有していたが，貸付金については訴外Ｃらが連帯保証人となり，Ｃ所有土地及び所有建物に極度額２億円の根抵当権が設定されていた。ところで，担保権が設定されている債権については，担保物が農地等容易に処分することができないものである場合は，当該担保物を処分した場合に得られると見込まれる金額を控除した金額を，

貸倒れ処理することができるものと解すべきところ，昭和49年11月当時，建物の一部に賃借権が設定されて現実に専有し，土地上に根抵当権の目的外建物が存在していたことからすると，土地，建物が事実上及び法律上容易に処分できないものであったことは明らかである。そして，納税者は昭和49年11月5日，名古屋地方裁判所に土地，建物の競売申立をしたが，その鑑定評価額は合計2億2,893万円であり，先順位の被担保債権の総額が約2億円であったから，乙貸付金については元本の一部すら回収できないことが明らかであった。現に土地建物の落札価額は2億6,000万円であったから，納税者に対する配当見込額は，先順位の被担保債権額2億円を控除した6,000万円が限度であったといえる。したがって，乙貸付金については，6,000万円を超える額を昭和49年分において貸倒処理すべきであり，未収利息も全額貸倒処理すべきである。なお，不動産競売手続において，賃貸借取調報告書，不動産評価書等が作成されたのは昭和50年であるから，乙貸付金の回収不能が判明した時期が同年とされるのであれば，納税者は予備的に貸倒損失を計上すべき時期を同50年分と主張する。

課税庁の主張

貸付行為は，事業所得に該当せず，貸付けによる所得の計算上生じた損失の金額は雑所得の計算上生じた損失の金額であって損益通算の対象とならない。

仮に貸付けが所得税法にいう事業に該当し，かつ，貸付けの内容が納税者の主張のとおりであったとしても，適法な会計処理によって貸付けに係る収入金額を計算すると，貸付けによる損失は生じていない。納税者の，甲に対する2億円の貸付債権の貸倒損失計上の時期は，納税者と甲との間で調停が成立し，これに基づく弁済が終了した昭和50年である。納税者の乙に対する貸付債権の貸倒損失計上の時期は，抵当権実行の申立てがされた昭和49年11月5日ではなく，当該競売手続が完了した昭和53年3月7日以降である。

裁判所の判断

① 所得税法27条1項及び所得税法施行令63条8号には金融業について定義した規定がなく、また、金銭貸付行為であれば直ちに金融業に該当するということはできないから、結局、金銭貸付けによる所得が事業所得であるか雑所得であるかを判定するにあたっては、租税負担の公平を図るため、所得を事業所得、雑所得等に分類し、その種類に応じた課税を定めている法の趣旨、目的に照らし、当該金銭貸付行為の具体的態様等に応じてその性格を客観的に判断すべきものである。

② すなわち、金銭貸付行為に事業性が認められるためには、それが営利性、有償性を有し、かつ、反復継続して遂行する意思と社会的地位とが客観的に認められる態様で行われるものであることが必要であると解されるが、その判断にあたっては、金銭貸付行為を行うに至った経緯と目的、貸付資金の調達方法、貸付金の利息約定の有無及び利率の高低、貸付先及び貸付口数の多寡、貸付先との関係の濃淡、契約書等の作成状況、人的・物的設備の状況、帳簿等の具備状況、担保権の設定の有無、貸付けのための広告宣伝の状況、関係官庁・団体への届出等の有無、貸付債権回収の努力その他諸般の事情を総合勘案し、社会通念に照らして事業としての営利性、継続性、客観性等が認められるか否かを検討することが相当である。

③ 納税者は、営利目的で、他人資本を借り入れてこれを高利で他に貸し付けて利ざやを稼ぐという方法で、縁故者に限らず相当数の者に対して多額の貸付けを行い、その貸付けにあたっては、原則として、公正証書、契約書等を作成し、かつ、担保を取り、借入台帳及び貸付台帳を作成して一応の借入金管理及び貸付金ないし顧客管理を行い、さらに、焦付き債権については訴訟、担保権実行等の回収手段を講じるなどしていたのであり、また、L県商工部商工金融課長に対して貸金業の届出を行い、社団法人L県庶民金融業協会の会員となり、電話帳に自己を金融業者として登載するなどしていたのであるから、これらの事情を総合勘案すると、納税者の行っていた金銭貸付行為は、少なくとも、大口貸付けを始めた昭和48年頃以降は、営利性、有償

性を有し，かつ，反復継続して遂行する意思と社会的地位とが客観的に認められる態様のものであったということができ，貸付けには事業性を認めることができる。したがって，納税者の所得は，「事業所得」に該当する。

④　所得税法51条2項は，事業所得を生ずべき事業について，その事業の遂行上生じた損失の金額はその損失の生じた日の属する年分の事業所得の金額の計算上必要経費に算入する旨を規定しているが，債権についていかなる事実が生じたときに貸倒れが生じたとすべきかの判断は実際上困難である反面，課税金額計算については客観性ないし明確性の要請が強いことに照らすと，貸倒損失として必要経費に算入できるのは，債権が法律上消滅した場合又は法律上は存在してもその回収のできないことが客観的に確実になった場合に限られると解するのが相当である。

⑤　認定された事実によれば，甲に対する貸付金の残金2,196万円及び未収利息1,533万円については，甲に対して強制執行手続をした昭和49年12月13日までの時点で，保証人等に対して債務免除がされ，かつ，債務者甲から回収できないことが客観的に確実になったということができる。また，同人に対する貸付金で物上保証された4,654万円の内，物上保証人との調停により回収された3,550万円との差額1,104万円については，物上保証人との間で和解が成立し，3,550万円が支払われた昭和50年3月末日の時点で回収できないことが客観的に確実になったということができることから，貸倒れと認めるのが相当である。

⑥　乙に対する貸付元本及び利息債権のうち，2億円の物上担保（不動産）によって担保され，その不動産に係る競売手続による配当金額を除く部分については，その配分がされた昭和53年をもって貸倒れ発生の時期と解するのが相当であるが，2億円を超える部分のうち，乙が行方不明となり，かつ，連帯保証人が手形取引停止処分を受けた昭和50年4月25日の時点までに生じた分についてはその頃をもって，その後に生じた分については生じた時をもって，それぞれ貸倒れの発生時期と解するのが相当である。

⑦　執行妨害等がされ債権回収のための担保物の処分が困難であったことか

らすると，担保物処分により回収が見込まれる金額を除いた残額については貸倒れの発生を認めるべきである旨の納税者の主張が，昭和49年及び昭和50年の時点では，根抵当権の実行によって貸付金の一部又は全部の回収が見込まれ，その回収が期待できる金額は対象不動産がいくらで売却できるかによるものでまだ不確定であったのであるから，当時，貸付金の回収ができないことが客観的に確実であったということはできない。

(竹内　進)

CASE 44 従業員の不法行為に対する損害賠償請求権

(参考)
東京地方裁判所　H20.2.15 判決　TKC28141628／TAINS Z258-10895
東京高等裁判所　H21.2.18 判決　TKC25451002／TAINS Z259-11144
最高裁判所　H21.7.10 決定　TKC25471435／TAINS Z259-11243

[争点]
① 従業員の不法行為に対する損害賠償請求権の額の益金計上時期
② 損害賠償請求権に係る貸倒損失の計上時期

　本事案では，従業員である乙が，外注費を架空計上する会計処理を行い，納税者の金員を搾取していた。納税者は，搾取行為による損害を被るとともに，当該搾取行為に対する損害賠償請求権を取得した。詐取行為による損害額は当該行為時の事業年度の損金の額に算入することと，外注費の架空計上額は損金の額から控除することには，当事者間に争いはない。問題は，乙に対する損害賠償請求権の額は，搾取行為時の事業年度の益金の額に算入すべきか，あるいは，搾取行為発覚時の事業年度の益金の額に算入すべきかである。

　裁判所は，通常，不法行為による損失発生時には損害賠償請求権も発生，確定していることから，損失額を損金に，損害賠償請求権額を益金に，同時計上するのが原則であるとした。損害賠償請求権の実現（履行）可能性の問題は，貸倒損失の問題として捉えるべきであるとした上で，日本興業銀行事件最高裁判決（最判平成16年12月24日民集58巻9号2637頁）で示された貸倒損失の損金計上（全額回収不能であることが客観的に明らかであること）によって判断すべきであると判示した。

　「通常人の基準」では，本事案の損害賠償請求権は，搾取行為時の事業年度に益金計上すべきであり，搾取行為時には，乙は，債務超過に陥っていた可能性が高いが，資産を有するなど全く弁済能力がなかったとはいえず，損害賠償

請求権の全額回収不能が客観的に明らかではないことから，損害賠償請求権は，貸倒損失として，搾取行為時の事業年度に損金計上できないとの判断を下した。

　不法行為発生時の事業年度に損害賠償請求権を益金計上した上で，不法行為者の弁済能力を貸倒損失の問題として捉えた点が注目される。

　納税者は，不法行為時の事業年度に損害賠償請求権を益金計上するとともに，当該請求権を貸倒損失として損金計上するには，全部回収不能を立証しなければならない。弁済能力のない従業員の不法行為が発覚した場合，納税者は，税務上，不利な取扱いがなされる。

　搾取行為発覚時の事業年度に損害賠償請求権を益金計上すべきであるとする有力学説や裁判例が存在することから，実務上は混乱する場合も出てくるかもしれない。

納税者の主張

　収益の帰属年度は，実現可能性の高い時点及び納税資金に困らない無理のない時点の観点から判断される。法人税法上，収益は，確実性，客観性，経済的利益に加え，担税力があること，当該利益に現実的な処分可能性があることなどが計上の要件となる。

　法人が取得する損害賠償請求権の額は，被害額を損金計上した事業年度の益金に算入するのではなく，万一損害が回収された場合に，その事業年度の益金に算入すべきである。

課税庁の主張

　法人が従業員から資産を詐取され，そのことが後に発覚した場合，この詐取行為に係る損失及び利益は，法人税法上，当該詐取行為が発生（又は実現）した各事業年度に遡って修正処理することとなる。

　法人資産の詐欺，横領等の場合には，不法行為時に法人資産が外部に流失し，それと同時に不法行為者に対し直ちに履行を請求し得る損害賠償請求権

が取得されるのであるから，損害賠償請求権の権利の確定があった。

　不法行為者の資力の有無は，損害賠償請求権の確定とは関係がなく，これは貸倒損失として損金処理するかどうかの問題である。

裁判所の判断

① ある収益をどの事業年度に計上すべきかは，一般に公正妥当と認められる会計処理の基準に従うべきであり，これによれば，収益は，その実現があった時，すなわち，その収入すべき権利が確定したときの属する年度の益金に計上すべきものというべきである。ここでいう権利の確定とは，権利の発生とは同一ではなく，権利発生後一定の事情が加わって権利実現の可能性を客観的に認識することができるようになることを意味する。

② 不法行為による損害賠償請求権については，通常，損失が発生した時には損害賠償請求権も発生，確定しているから，これらを同時に損金と益金とに計上するのが原則である。

③ 不法行為による損害賠償請求権については，たとえば加害者を知ることが困難であるとか，権利内容を把握することが困難なため，直ちには権利行使（権利の実現）を期待することができないような場合があり得る。このような場合には，権利（損害賠償請求権）が法的には発生しているといえるが，未だ権利実現の可能性を客観的に認識することができるとはいえないから，当該事業年度の益金に計上すべきではない。

④ この判断は，税負担の公平や法的安定性の観点からして客観的にされるべきものであるから，通常人を基準にして，権利（損害賠償請求権）の存在・内容等を把握し得ず，権利行使が期待できないといえるような客観的状況にあったかどうかという観点から判断すべきである。不法行為が行われた時点が属する事業年度当時ないし納税申告時に納税者がどういう認識でいたか（納税者の主観）は問題とすべきでない。

⑤ 経済的観点からの実現（履行）可能性の問題は，貸倒損失の問題として捉えていくのが相当である。損害賠償請求権については，通常の商行為に基

づく債権と比較すると，経済的な観点からの実現（履行）可能性の乏しいものが多いが，だからといってこれを別に扱う理由はない。

⑥　貸倒損失として損金に算入するには全額回収不能であることが客観的に明らかである必要がある。全額回収不能であることが客観的に明らかであるかどうかは，債務者の資産・負債の状況，支払能力，信用の状況，当該債権の額，債権者の採用した取立手段・方法，取立てに対する債務者の態度・対応等諸般の事情を総合して判断すべきである。

⑦　詐取行為は，経理担当取締役が本件預金口座からの払戻し及び外注先への振込み依頼について決裁する際に乙が持参した正規の振込依頼書をチェックしさえすれば容易に発覚した。決算期等において，会計資料として保管されていた請求書と外注費として支払った金額とを照合すれば，容易に発覚した。通常人を基準とすると，各事業年度当時において，損害賠償請求権につき，その存在，内容等を把握できず，権利行使を期待できないような客観的状況にあったといえない。損害賠償請求権の額を各事業年度において益金に計上すべきである。

⑧　各事業年度当時，乙は，資産として，約5,000万円で購入したマンション，約200万円相当の自家用車，約400万円程度の預金を有していた。月額30万円を超える金額の給与を得ていた。乙は，詐取行為に係る刑事裁判の際，200万円の弁償を申し出ている。乙は，損害賠償請求権に係る債務のほかJに対する債務や住宅ローン債務等を抱えていたから，当時，債務超過に陥っていた可能性が高いが，資産を有するなどしていて，全く弁済能力がなかったとはいえない。損害賠償請求権が全額回収不能であることが客観的に明らかではない。損害賠償請求権の額を各事業年度において貸倒損失として損金に計上することはできない。

（谷口　智紀）

CASE 45 破産終結の事実を遅れて知った場合の貸倒損失の計上時期

(参考)
国税不服審判所　H22.7.1 裁決　TKC26012394／TAINS J80-2-04

[争点]

取引先である法人が破産手続を行った場合の破産債権に係る貸倒損失の必要経費算入時期における判断基準

本事案の納税者は，その有する破産会社A社に対する債権の必要経費算入時期について，弁護士からのファックスでA社の破産を知り得た平成16年分において算入すべき旨を主張したが，課税庁からA社の破産終結が確定した平成14年分に算入すべきであったと指摘された。

納税者は平成13年1月26日に書面により弁護士からA社が自己破産宣告の申立てをし受理された旨の連絡を受けた。A社は平成14年○月○日に地方裁判所から破産を終結する旨の決定を受けており，A社の閉鎖事項全部証明書によると，破産終結により同年中に同法人の登記簿が閉鎖された旨登記されている。さらには平成14年○月○日付官報において，A社の破産事件の破産を終結する旨の公告がなされている。その後納税者は，平成16年5月17日に弁護士からA社の破産を終結する旨の決定書の写しをファックスにて受領した。

破産法（当時旧破産法）のもとでは破産手続開始決定の後，破産債権の届出や調査等が行われ，破産債権者に対する配当を行った後に「破産終結の決定」が下される。また，配当財源が存在しない場合や，破産手続の経過において租税債務等が債権額を上回り，配当財源がない見通しとなった場合には「廃止決定」が行われ，破産手続は終了となる。本来であれば破産手続終結決定（配当実施等）の通知や廃止決定通知が破産債権者に送達され，債権者はその通知の

内容を貸倒れの事実に照らして債権処理を行うことが可能となる。

しかし，本事案では納税者に対し破産手続開始の通知はされているが，破産終結の事実が確定し法人の消滅を行った時点では通知がなく，決定後約2年経過後に弁護士からのファックスで破産終結の事実が伝えられている。審判所もこれを認めているが客観的に回収不能となったのは破産終結決定がなされた平成14年であると判断している。

法人消滅の事実は官報において公告されるが，個別通知がない状況では債権者が知ることは難しい。納税者がファックスで通知を受けた時には更正の請求期間の1年（現行5年）を超えている上に，純損失に係る更正決定も原処分時には平成14年分の申告期限から5年（現行9年）を経過しており，減額更正が認められない状況に陥っている。

本事案の納税者は平成13年頃から借入金が増加し，資金繰りに窮していた事実が認められることから貸倒損失の計上を利益操作により遅らせたとは考えられず，破産終結の事実を何ら債務者から通知がない場合に納税者がどのような手段により知り得ることができたのか疑問である。

破産手続に関する流れを十分に把握し対処することが必要であるとともに，更正の請求期間が5年に延長されたことに伴い，破産の事実を経過して破産終結決定の通知や廃止決定通知が届いた場合には通知が来た年の必要経費に算入するのではなく，破産の事実が生じた年に遡って更正の請求を行うことで救済措置を講じることが望ましいと考えられる。

納税者の主張

A社の破産管財人である弁護士から平成16年に受けたファックスにより破産終結を知り得たのであるから，A社に対する売掛金等の債権総額約2,400万円余りの計上時期を平成16年分とし，純損失の金額について平成17年分以降順次繰越控除を適用するべきである。

仮に貸倒損失の計上時期が平成14年分であったとしても，平成15年分以

降順次繰越控除を適用するべきである。

課税庁の主張

　貸倒損失は，Ａ社が平成14年に破産終結していることから，平成14年分の貸倒損失として必要経費に計上すべきものである。また，国税通則法70条２項によると，純損失等の金額で当該課税期間において生じた金額があるものとする更正は，その法定申告期限から５年を経過した日以後はすることができないことから，原処分時にはこれをすでに経過している。

審判所の判断

①　所得税法51条２項は，事業所得を生ずべき事業について，その事業の遂行上生じた売掛金等の債権の貸倒れにより生じた損失の金額は，その損失の生じた日の属する年分の事業所得の金額の計算上必要経費に算入する旨規定しており，貸倒損失発生の時期は貸倒損失の恣意的計上による所得操作を排除する意味からも，債権者の主観的判断に左右されない客観的な回収不能状況の存在が要求されると解される。

②　事業者が有する債権が客観的に回収不能である場合には，事業者がこれを貸倒れとして必要経費に算入しているか否かにかかわらず，税務上はその時点において必要経費に算入することとなる。

③　債務者たる法人が破産した場合の貸倒れの時期については，法令上明文化されていないが，法人の破産手続においては配当されなかった部分の破産債権についてその責任を法的に免責させる免責手続はなく，裁判所が破産法人に配当可能な財産がないことを認めた場合には廃止決定又は終結決定をして当該法人の登記が閉鎖されることとされており，これらの決定がなされた時点で当該破産法人は消滅することからすると，当該決定等により事業者が有する債権もその全額が客観的に回収不能となったとするのが相当であると解され，この時点が破産債権者にとって貸倒れの時点と考えられる。

④　納税者が当該ファックスの受信時にＡ社の破産終結を知り得た事実は認

められるものの,貸倒損失発生の時期は上記のとおり平成14年分であるから当該主張を採用することはできない。さらに,原処分時において貸倒損失を平成14年分の事業所得の金額の計算上,必要経費に算入することによって生じる純損失の金額については,平成14年分の所得税の法定申告期限である平成15年3月17日から5年を経過しているため,減額更正をすることができない。

(茂垣　志乙里)

CASE 46　事業所得における貸倒損失の計上時期

(参考)
佐賀地方裁判所　H3.9.27 判決　TKC22005722／TAINS Z186-6773

[争点]

事業所得における貸倒損失の計上時期は，債権確定時か，回収不能もしくは放棄という事実が確定した時か

納税者は，絵画販売業を営む者であり，昭和54年分の所得税について確定申告をしたが，昭和57年頃の税務調査において事業所得，分離長期譲渡所得金額を更正する旨の決定がなされた。

納税者は，これを不服として異議申立てをしたところ，昭和60年11月付けで，経費を追加認容して，更正処分等の一部を取り消し，事業所得を減額した決定がなされた。納税者は，これも不服として，国税不服審判所長に対し審査請求をしたが，審判所長は昭和62年6月，棄却する旨の裁決をした。

納税者は，昭和54年分の事業所得については，異議申立てで認められた経費の外に，金融業者への支払利息，商品である絵画を持ち逃げされた損害金，課税庁に認容された推計による仕入金額と支払額との差額，売掛金の回収不能による貸倒損失などの合計1億2,727万円の必要経費があるので認められるべきであると提訴した。

貸倒損失に関しては，納税者は売掛金が回収不能となった後日の顛末から損金算入を主張したが，所得税法51条2項に定める要件をそもそも充たしていないので退けられた。

本事案はその後，控訴審，上告審と進んだが，平成4年8月に提出期間内に上告理由の提出がないとして却下された。

納税者の主張

　納税者は，昭和54年10月9日に絵画4点をHに対し1,030万円で販売したが，Hは，偽作の絵画販売により昭和56年に逮捕され，倒産し，売掛代金は回収不能となったものであるから必要経費（貸倒損失）に算入するべきである。

　納税者は，昭和54年6月頃から11月頃までに絵画・版画4点をSに対し，287万円で販売した。Sは，売掛代金を茶道具の販売のための個展の収益から支払う予定であったが，個展が成功せず，昭和55年には事実上倒産し行方不明となり，回収不能となったものであるから必要経費（貸倒損失）に算入するべきである。

課税庁の主張

　H及びSに対する売掛金の貸倒損失について，納税者が主張する両名に対する売掛債権については，昭和54年12月末日までに，債権が回収不能となった事実は認められないから，係争年分の貸倒損失として必要経費に算入することはできない。

裁判所の判断

① 納税者作成の販売帳には，昭和54年10月の項に，作家名，作品名，売上先及び仕入（値）について，納税者主張と符合する絵画4点の記載はあるが，いずれも売値の記載がなく，単に「未」と記載とされているだけであるから，Hに対する売掛債権額（販売額）を確定することはできず，また昭和54年中に売掛債権が回収不能となったことを認めるに足る証拠もないから，係争年中のHに対する貸倒損失の発生を認めることはできない。

② S作成の取引支払高証明書は，納税者主張に沿う記載内容となっているが，その作成についてS自身は，一旦，自己が作成したことを否認するかのような供述をした後に，商品名の記載部分以外は自己の筆跡と同じであることを認めるに至るという不自然かつ曖昧な供述をし，作成時期についても曖

昧な供述をするだけでなく，その記載内容中，作品の内の一つについては買った覚えがない旨を供述するのであるから，その記載内容全部をただちに信用することはできない。

③　Sは，昭和54年の春ころ，自己が開催する茶道具などの焼き物の個展に客寄せのため展示する目的で，納税者から，5，60万円位の版画を5，6点買い，代金額は合計300万円でおつりがくるぐらいであり，個展で収益を上げて支払うつもりであったが，計画どおりの収益を上げることができず，昭和54年中には代金を支払うことができず，昭和55年以降，自宅に納税者が支払いの催促に訪ねてきたりした旨を供述している。昭和62年2月の国税不服審判官の電話聴取に対しては，納税者からの絵画購入について，ずいぶん前のことではっきりしないと答えていたことに照らすと，その信用性につき疑問の余地がないではないが，納税者の主張のうち，版画数点のSに対する売掛販売事実自体は，これを認めることができる。

④　しかしながら，売掛債権額についてのSの供述内容は曖昧であるから，供述だけではこれを確定することはできず，納税者作成の販売帳中には，昭和54年11月の項に，版画3点の記載があり，仕入値は納税者主張に沿うものの，売値欄には，「倒産」とのみ記載され，金額の記載がないから，結局，売掛債権額を確定することができない。しかも，Sによれば，昭和55年以降も，納税者から支払いの催告を受けていたというのであるから，昭和54年中に，売掛債権が回収不能又は放棄されたと認めることはできず，結局，係争年分の貸倒損失として必要経費に算入することはできない。

(小野木　賢司)

第4章
立証責任が争点となった事例

CASE 47 貸倒損失における立証責任と事実上の推定

(参考)
仙台地方裁判所　H6.8.29判決　TKC 22008521／TAINS Z205-7378
仙台高等裁判所　H8.4.12判決　TKC 28030269／TAINS Z216-7710
最高裁判所　H8.11.22判決　TKC 28032107／TAINS Z221-7818

[争点]

　納税者が貸倒損失として損金算入した貸付金債権の存在についての立証責任の分配

　納税者は，昭和63年6月までの事業年度の法人税の所得計算において，K社に対する貸付金残高を貸倒損失として損金の額に算入して申告をした。しかし，課税庁によりK社に対する貸付金は，いずれも納税者の代表者Mが貸し付けたものを仮装したものであるからK社に対する債権は，納税者の債権ではなく，M個人の債権であり，損金算入することはできないとして，更正処分及び重加算税賦課決定処分を行った。

　裁判において貸付金の存在を認定する場合，立証責任は課税庁と納税者のどちら側にあるのかが争点とされた。この点について，学説上争いがあるが，課税処分取消訴訟において通常の必要経費は，原則として課税庁に立証責任があると解されている。

　判決は，「貸倒損失は，いわば特別の経費というべき性質のものであるから，納税者において，貸倒損失の存在をある程度合理的に推認させるに足りる立証を行わない限り，事実上その不存在が推定されるものと解するのが相当である」と判示している。その上でK社に対する債権は，納税者の債権ではなく，M個人の債権であると認定している。

　納税者は，事業年度において，多額の利益が生じた場合，これに伴う租税負担の回避を図るため，同族法人を利用し，実体のない取引を仮装，作出したり，

代表者個人の貸付金のうち，回収の見込みのない貸付債権を納税者の貸付債権であるかのように仮装し，これに係る貸倒損失を計上することによって，所得金額を過少にしようと考えることは厳に慎むべきである。

適法な貸倒損失の計上を考える納税者にとっては，企業活動において通常行われることがあり得ないような形式を整えようとせず，合理的な経済行為として立証責任を果たすことが可能な処理が求められる。

納税者の主張

課税庁が否認した貸付けは，いずれも納税者がK社に対して貸付けをしたものであり，準消費貸借契約が締結された事情は，次のとおりである。

K社に対する貸付けは，昭和62年9月7日にMが納税者の代表者に就任するまでは，M個人が貸付けをしていたものであるが，それ以降は納税者自身がK社に融資をしていたものである。ところが，M又は納税者とK社の間には，長期間にわたり多数回の金銭貸借の取引があり，利息の支払いが遅れているなどして，その額が必ずしも明確とはいえなくなっていたこと，借用証，領収書も全てについて存在していたわけではなかったこと，M名義でK社に貸し付けていた債権は，納税者がMのためにT社に対して9,000万円の代位弁済をしたことにより，納税者に移転（債権譲渡）したことをK社に承認させる必要があったこと，これらのことから，納税者とK社は，昭和63年1月末ころ，次のK社に対する貸金債権（合計6,500万円）をもって消費貸借の目的とすることを約したものである。

準消費貸借契約は，和解類似のタイプのものである。このような場合は，旧債務不存在の立証責任は債務者（本件では課税庁）に負わせるのが妥当である。

課税庁の主張

　納税者が，K社に対して貸倒損失があると主張している金額のうち，7,917万6,458円は納税者の代表者であるMが個人で行っていた貸付けによって生じたものであり，納税者に帰属するものではないから，貸倒損失を納税者の所得金額算定上の損金の額に算入することはできないものである。

　課税庁側の反面調査の結果，納税者は，T社に対して昭和62年7月1日に9,000万円を貸し付けたことも，昭和63年1月30日にT社から貸付金を回収したことも，これをK社に対して貸し付けたことも，いずれもないのに，事実に反する会計処理をしていたことが判明した。納税者は，課税庁側の調査担当者から，その旨の指摘を受けるや，会計処理は事実と異なっているが，これは従来から納税者の簿外貸付金として存在していたものを公表経理に組み入れたものである旨主張を変更してきた。しかし，これはいずれもM個人の貸金であるものを納税者の貸金であると仮装したものである。

裁判所の判断

①　貸倒損失は，所得金額の算定にあたって控除すべきものであり，所得の発生要件事実を構成すると考えられるので，貸倒損失の有無が争われる場合には，所得の一定額の存在を主張する課税庁側において当該貸倒損失の不存在を立証すべき責任がある。

②　貸倒損失は，通常の事業活動によって，必然的に発生する必要経費とは異なり，事業者が取引の相手方の資産状況について十分に注意を払う等合理的な経済活動を遂行している限り，必然的に発生するものではなく，取引の相手方の破産等の特別の事情がない限り生ずることのない，いわば特別の経費というべき性質のものである上，貸倒損失の不存在という消極的事実の立証には相当の困難を伴うものである反面，被課税者においては，貸倒損失の内容を熟知し，これに関する証拠も被課税者が保持しているのが一般であるから，被課税者において貸倒損失となる債権の発生原因，内容，帰属及び回収不能の事実等について具体的に特定して主張し，貸倒損失の存在をある程

度合理的に推認させるに足りる立証を行わない限り，事実上その不存在が推定されるものと解するのが相当である。
③　K社に貸し付けられた金員は，いずれもMが貸付けをしたものであるから，K社に対する債権は，納税者の債権ではなく，M個人の債権であるといわなければならない（納税者は，K社から納税者宛の昭和62年11月30日付の2,000万円の借用証があるとしているが，納税者の会計帳簿にはその旨の記載がなく，納税者は昭和63年1月30日にK社に対して8,024万3,388円を貸し付けた旨の経理処理をしているものであり，にわかに信用することができない。）。
④　K社に対する貸金債権は貸倒損失として損金に算入しなければならないような不良債権である。このような債権を会社の代表者が会社に債権譲渡するということは通常考えられないところである。納税者とMとの債権譲渡は，納税者の租税を回避するために行われた仮装行為であるとみるのが相当である。
⑤　形式によれば，納税者の債権であるとみられるものであるとしても，実質は，納税者の代表者であるK個人の債権であると認められるK社に対する債権については，実質課税の原則に照らして処理されなければならないものとしなければならない。以上により，納税者の主張は理由がない。

(竹内　進)

CASE 48　貸倒損失の立証責任

（参考）
大分地方裁判所　H15.3.17判決　TKC 28130578／TAINS Z253-9308

［争点］

貸倒損失の計上において，納税者における立証責任の程度

　本事案の納税者は，Aという商号で宿泊業を経営していた者である。課税庁が納税者に対してした更正処分等が違法であるとして，処分の取消しを求めた事案である。判決によれば，納税者は，帳簿を一切作成しておらず，課税庁に対し，銀行振込による収入に関して預金元帳を提示しただけで，現金収入額や経費については，その明細が分かるような書類を一切提示せず，また，経費の全部を確認できる領収書等を提示しなかったため，課税庁は納税者の課税標準を正確に把握することができなかったことから，推計の必要性を認めることができると判示している。

　確かに，税務の取扱いでは，回収不能の貸金等の貸倒れについて，貸金等につき，その債務者の資産状況，支払能力等からみてその全額が回収できないことが明らかになった場合には，当該債務者に対して有する貸金等の全額について貸倒れになったものとしてその明らかになった日の属する年分の当該貸金等に係る事業の所得の金額の計算上必要経費に算入すると明記している（所基通51-12）。

　しかしながら，推計課税であっても，裁判所は，貸倒損失の有無が争われる場合には，所得の一定額の存在を主張する課税庁側において当該貸倒損失の不存在を立証すべき責任があるが，貸倒損失は，取引の相手方の破産等の特別の事情がない限り生ずることのない，いわば特別の経費というべき性質のもので

ある上，貸倒損失の不存在という消極的事実の立証には相当の困難を伴うものであり，納税者が貸倒損失の内容を熟知し，これに関する証拠も保持しているのが通常であることから，その立証責任は納税者に帰することを明確にしている。

納税者の主張

納税者は，平成９年10月７日，駐車場用地等に供する目的で，納税者が経営する宿泊施設に隣接する土地をＸ外１名より取得した。納税者は，土地の整地及び擁壁工事をＢ（Ｙが代表者として個人形態で経営している事業者である）に発注し，同年中に工事代金3,529万7,609円を支払った。

Ｂは，資金繰りに行き詰まって倒産し，工事は行われないままに終わっており，前渡金は工事が実施されないまま回収不能となった。納税者がＢに支払った3,529万7,609円は，所得税基本通達51－12による事業用前渡金の貸倒損失に当たり，納税者の平成９年分の事業所得の計算上，必要経費として控除されるべきである。

課税庁の主張

貸倒損失の存在については，被課税者側で，その原因となる債権の発生原因，内容，帰属及び回収不能の事実等について具体的に特定して主張し，その存在をある程度合理的に推認させるに足りる立証を行う必要があるところ，納税者から，工事契約が締結されたこと及び納税者がＢに対し工事代金を支払ったことを合理的に推認させるに足りる立証はされていない。

仮に工事契約締結及び工事代金支払いの事実があるとしても，工事契約は，土地の売主であるＸ及びＺと，土地の買主である有限会社Ａが発注者として，請負人であるＢに発注したものであり，納税者は契約の当事者となっていない。そうすると，納税者による工事代金の支払いは，納税者が，有限会社Ａに対する贈与としてなした第三者弁済とみるべきであり，また，納税者が同

社に対する求償権を有していたとしても，有限会社Aが平成9年中に倒産したなど同社からの債権回収が不能に陥った事実は認められない。

さらに，仮に納税者がBに対する債権を取得していたとしても，Bが平成9年中に倒産したなどの事実も認められないので，同年中の貸倒損失の存在は認められない。

裁判所の判断

① 納税者は，平成9年10月ころ，納税者が経営するAに隣接する土地を駐車場用地に供する目的で取得し，土地の整地及び擁壁工事をBに発注し，同年中に工事代金3,529万7,609円を支払ったが，Bは資金繰りに行き詰まって倒産し，工事は行われないままに終わり，前渡金は工事が実施されないまま回収不能になったから，納税者がBに支払った3,529万7,609円が，事業用前渡金の貸倒損失に当たるとして，納税者の平成9年分の事業所得の計算上，必要経費として控除されるべきである旨主張する。

② 所得税法51条2項が規定する貸倒損失は，所得金額の算定にあたって控除すべきものであり，貸倒損失の有無が争われる場合には，所得の一定額の存在を主張する課税庁側において当該貸倒損失の不存在を立証すべき責任がある。しかしながら，貸倒損失は，取引の相手方の破産等の特別の事情がない限り生ずることのない，いわば特別の経費というべき性質のものである上，貸倒損失の不存在という消極的事実の立証には相当の困難を伴うものである。また，納税者においては，貸倒損失の内容を熟知し，これに関する証拠も保持しているのが通常であるから，納税者において貸倒損失の原因となる債権の発生原因，内容，帰属及び回収不能の事実等について具体的に特定して主張し，貸倒損失の存在をある程度合理的に推認させるに足りる立証を行わない限り，事実上その不存在が推定されるものと解するのが相当である。また，同条項により貸倒損失として必要経費に計上できるのは，原則として，債権が法律上消滅した場合又はその債務者の資産状況，支払能力等からみて貸付金等の全額が回収できないことが明らかになったときなど法律上債権は

存在するがその回収が事実上不可能である場合のいずれかに該当することが必要であるというべきである。
③　上記の見地から検討するに，証拠及び弁論の全趣旨によれば，土地は，有限会社Ａが，平成９年10月27日，Ｚ及びＸとの間で売買契約を締結して購入し，同年11月11日もしくは同月21日付けで，所有権移転登記手続を経由したものであること，有限会社Ａは，工事を終えて造成された状態で本件土地の引渡しを受ける予定であったが，土地の購入代金4,950万円には，工事代金も含まれていたこと，工事代金の見積書の宛名が有限会社Ａとされていることが認められる。そうすると，上記認定事実に照らせば，工事契約は，土地の売買契約に付随して，同契約の当事者間で締結されたものと推認することができ，他に納税者とＢとの間で締結されたことを認めるに足りる的確な証拠はないから，仮に，納税者が工事代金を支払ったとしても，それは有限会社Ａの債務を第三者弁済したにすぎず，納税者は，同社に対し求償権を有することになるが，同求償権債権が平成９年中に貸倒れになったことを認めるに足りる証拠はない。かえって，証拠によれば，同求償権債権は平成９年中に貸倒れになっていないことが認められる。
④　納税者は，Ｂに対し，工事代金として3,529万円7,609円を支払ったと主張するが，その代金額の根拠としてはＢ作成の見積書を提出するにすぎず，弁済の根拠としても合計1,966万2,500円の約束手形の控えを提出するにすぎない。納税者は，残代金の1,563万5,109円については，現金でＢに支払った旨供述するが，他方で，その領収書等は受け取っていないとも供述しており，結局のところ，上記代金全額について納税者が支払ったか否かについても疑いが残るというべきである。
⑤　仮に納税者が工事契約の当事者として工事代金を支払ったとしても，証拠及び弁論の全趣旨によれば，Ｂは，平成９年ないし平成10年ころまで，営業活動を行っていたこと，平成11年１月27日，丁を代表取締役として，有限会社Ｂに法人成りをしたこと，平成13年８月31日午後３時に破産宣告を受け，平成14年３月20日に破産廃止決定が確定したことが認められる。

そうすると，かかる認定事実に照らせば，Bが平成9年中に債務超過状態に陥り，同年中に債権の回収が事実上不可能になったということはないと推認することができ，他にこれを覆すに足りる証拠はない。いずれにしても，貸倒損失が生じたとする納税者の主張は，ある程度合理的に推認させるに足りる立証がなされておらず，かえって貸倒損失は生じていないというべきであって，これを認めることができない。

(林　仲宣)

CASE 49 推計課税に対する実額反証をめぐる納税者の主張立証責任

(参考)
長野地方裁判所　H17.10.28判決　TKC 25420318／TAINS Z255-10187
東京高等裁判所　H18.5.31判決　TKC 25450879／TAINS Z256-10412

[争点]
① 実額反証における主張立証責任と立証の程度
② 所得税法64条1項の適用をめぐる納税者の立証責任

　会社役員である納税者は，パチンコの景品買取業等及び不動産貸付業を営んでいたほか，貸金債権等を有していた。納税者は，平成4年分〜10年分の所得税について，法定申告期限までに確定申告をしたが，税務署長は，平成12年2月24日付けで，同期間分の所得税の青色申告の承認の取消処分を行い，所得税の更正処分等を行った。不動産所得及び雑所得の算出にあたり，不動産所得については税務署長が認定した総収入金額に納税者の比準同業者の平均所得率を乗じる方法による推計課税を行い，雑所得については，税務署長が認定した総収入金額から，比準同業者の平均経費率から算出した必要経費額を控除する方法による推計課税を行った。

　その後，納税者が更正の請求を行ったのに対して，税務署長は各再更正処分等を行った。これに対して，納税者は，不動産所得及び雑所得に係る貸倒損失を必要経費として総収入金額から控除すべきである等と主張して，更正処分等の取消しを求めて出訴した。

　本事案の争点は，不動産所得及び雑所得の計算上，貸倒損失が必要経費に該当するか否かであるが，納税者が推計の必要性及び合理性を認めた上で，推計課税に対する実額反証として，貸倒損失を必要経費に計上できるか否かが争われている点に特徴がある。納税者が，課税庁の認定した収入金額を認めつつも，

必要経費の実額が推計額を上回ると主張する事案は少なくない。以下では地裁判決を検討する。

裁判所は，課税庁の推計課税に対して実額反証を主張する納税者は，推計課税における収入金額が全ての取引先からの総収入金額であり，かつ，納税者の主張する必要経費の額がその収入金額と対応することを立証しなければならないと判示した。

納税者は貸倒損失を必要経費として計上すべきであると主張するのみで，推計課税における収入金額が全ての取引先からの総収入金額であることと，総収入金額と必要経費との対応関係について主張立証していないことから，貸倒損失であると主張する債権は，必要経費に計上できないと判示した。また，雑所得に関する貸倒損失についても，納税者は立証をつくしていないことから，貸倒損失を必要経費に計上できないと判断した。

納税者が雑所得の収入金額が回収不能となった場合の特例（所法64①）に該当する具体的な事情を主張立証していないこと等から，同条項も適用できないとの判断を下した。

所得税は申告納税による実額課税が原則であり，直接資料が入手できない場合に例外的に推計課税が認められる。推計課税に対する実額反証は認められるが，納税者は，課税庁の認定した収入金額が真実の収入金額であることと，収入金額と納税者の主張する必要経費の額との対応関係を立証しなければならない。

本事案の納税者は，貸倒れの事実を主張するのみで，実額反証に係る主張立証をしていない。推計課税に対する実額反証が不十分であることを理由に納税者の主張を排斥した裁判所の判断は妥当といえる。

貸倒損失を必要経費に計上するには，債権者は，債務者の状況を的確に把握して返済の履行の可否を判断し，立証しなければならない。納税者は，推計課税に対する実額反証を行った上で，貸倒れの事実を立証しなければならず，必要経費の計上には高いハードルが設けられている。

納税者の主張

　税務署長が主張する同業者の平均的な所得率により推計された必要経費よりも実際に生じた貸倒損失の方が金額が大きい場合には，貸倒損失を必要経費として認めて，総収入金額から控除すべきである。

課税庁の主張

　実額反証における立証責任は納税者にあり，納税者が主張する総収入金額がすべての取引について捕捉漏れのない総収入金額であり，かつ，その収入と対応する必要経費が実際に支出され，当該支出が納税者の各種所得の金額と対応関係にあること又関連性を有するものであることを合理的な疑いを容れない程度にまで立証する必要がある。

裁判所の判断

① 所得税の更正処分の取消訴訟において納税者が直接資料によって収入及び経費の実額を主張立証することは，課税庁の抗弁に対する単なる反証ではなく，自らが主張立証責任を負うところの再抗弁の性質を有する。納税者が，所得の実額を立証することにより推計課税の違法性を主張するためには，その主張する実額が真実の所得額に合致することを合理的疑いを容れない程度に立証すべきである。

② 課税庁が収入金額を実額認定した上でこれに基づいて必要経費を推計した場合であっても，課税庁が把握し得る収入金額の範囲には自ずと限界があり，実際には納税者の収入金額に捕捉漏れがあることも十分予測され，実際の収入金額に合致するとは限らない。実額反証を主張する納税者は，その収入金額が全ての取引先からの総収入金額であり，かつ，その主張する必要経費の額がその収入金額と対応していることを立証しなければならない。

③ 納税者は，貸倒損失を必要経費とすべきであると主張するのみで，総収入金額及びその総収入金額と必要経費との対応関係を一切主張立証していない。納税者が主張している事実のみからは，貸倒損失であると主張されてい

る債権が，不動産所得を生ずべき納税者の事業といかなる関連性があるのかすら曖昧であり，まして総収入金額との対応関係は全く不明である。

④　納税者が雑所得に関する貸倒損失であると主張する債権は，いずれも税務署長が納税者の貸金に係る雑所得の総収入金額として計上したものであるから，税務署長が実額認定した総収入金額と納税者が主張する必要経費との形式的な対応関係は一応認められる。納税者は，貸倒損失を必要経費とすべきであると主張するのみで，税務署長が実額認定した総収入金額が全ての取引先からの総収入金額であることを立証していない。

⑤　所得税法64条１項は，すでに発生して一旦課税の対象となった所得について，事後的に回収不能に陥った場合の変更事由を認めるものであるから，同条項の適用を主張する納税者がその事実の立証責任を負う。納税者により同条項に該当すべきとする具体的な事情が主張立証されたとはいえない上，納税者が，訴訟において雑所得に係る貸倒損失であると主張する部分について法定の期間内に更正の請求（所法152）を経たことを認めるに足りる証拠もないから，同条項の適用により各係争年度の雑所得を訂正することはできない。

（谷口　智紀）

CASE 50 貸倒損失の立証責任と債権の架空計上

(参考)
名古屋地方裁判所　H19.11.8判決　TKC 25463520／TAINS Z257-10818

［争点］
貸倒損失に係る原因債権の架空計上がなされているか否か

　本事案は，海産物加工販売業等を営む株式会社が，課税庁から架空の貸倒損失を計上したなどとして，法人税の更正処分等を受けたため処分の取消しを求めて争ったものである。争点のうち，受取手形に関する貸倒損失の計上に焦点を絞って検討する。

　課税庁は，納税者が計上していたM社に対する受取手形が，納税者の代表者甲が，M社の関係者Nに対する個人的な借入れに連帯保証した際の連帯保証に係る債権を納税者において計上したものであると指摘した。本来，保証債務に関する手形の振出しは，偶発債務として対照勘定等により備忘録を行うことにとどまり，手形の受取側において債権として計上することはない。

　納税者は当該受取手形についてM社に預託していた原材料の劣化により売り上げた際の債権である旨を主張した。

　裁判所はM社の実質的な経営者が甲であること，受取手形の額面金額とM社がNに対して連帯保証を行った金額とが同額であること，受取手形の明細書に公正証書を示す旨の記載がされていること，商品売上の証拠資料に信用がないこと等を根拠として，当該受取手形は架空に計上されたものであると判断している。

　裁判所は，貸倒損失は取引の相手方の破産等の特別の事情がない限り生ずるものではないので，貸倒損失の内容を熟知しこれに関する証拠も保持している

納税者が貸倒損失の存在をある程度合理的に推認させるに足りる立証を行わない限り、事実上その不存在が推定されるものとした。

納税者は、貸倒損失の原因となった債権の計上についての立証が不十分であり、取引に不自然な事由が存在したことにより、課税庁の指摘した状況証拠により個人の連帯保証との関連性が認定された。

商品売上の架空計上はあってはならないが、納税者は貸倒損失計上時のみならず、貸倒損失に係る債権の計上についても明確な証拠を残しておくことが肝要であり、関連会社との取引であればより留意して証拠を整える必要がある。

納税者の主張

納税者は、受取手形について、M社に預けていた加工用原材料が震災により鮮度劣化して使用不能になったため、当該加工用原材料をM社に対する売上げとしたものであると主張した。

甲とNとの間の債権については、強制執行力を有する本件公正証書が作成されている以上、納税者が実質的に破産状態に陥っているMの受取手形を求める必要性はない。

受取手形の受取人は納税者となっており、個人間で作成された公正証書と受取手形は無関係であって、課税庁の主張は、単なる備忘録にすぎない「(株)M決算時債権明細書」の「保全明細」欄の記載にとらわれ、個人間の取引と法人間の取引とを混同したものであり失当である。

課税庁の主張

Mの納税者に対する債務金額をそれぞれ確認した「(株)M決算時債権明細書」には、本件受取手形が計上されているところ、その「保全明細」欄には、いずれも公正証書番号が記載されており、本件受取手形は、上記の公正証書に関係して振り出されたものであるものと認められる。

当該受取手形は債権を保証するために振り出されたものであり、震災によ

る商品の劣化に伴って商品の販売として処理した代金の回収を目的とするものではないことは明らかである。

納税者及びM社の経理処理につき，会計原則を無視した不正な処理が行われているのは，甲がMの実質的な経営者として経理を自由に処理できたからにほかならない。

裁判所の判断

① 貸倒損失は，所得金額の算定にあたって控除すべきものであり，所得の発生要件事実であるから，その有無が争われる場合には，所得の一定額の存在を主張する課税庁において当該貸倒損失の不存在を立証すべきであるが，貸倒損失は，通常の事業活動によって必然的に発生するものではなく，取引の相手方の破産等の特別の事情がない限り生ずることのないものである上，その不存在の立証には相当の困難を伴うものである反面，納税者においては，貸倒損失の内容を熟知し，これに関する証拠も保持しているのが一般であるから，納税者において貸倒損失となる債権の発生原因，内容，帰属及び回収不能の事実等について具体的に特定して主張し，貸倒損失の存在をある程度合理的に推認させるに足りる立証を行わない限り，事実上その不存在が推定されるものと解するのが相当である。

② 甲は，M社の事業に関して指示をしていたほか，M社の手形帳や，同社及び代表者個人等の印鑑を所持するなど，同社の実質的な経営者の地位にあった。さらにM社の納税者に対する債務金額を確認した「(株)M決算時債権明細書」において，その「債権金額等明細」欄に受取手形金額の記載と，その「保全明細」欄には公正証書番号が記載されており，受取手形の額面と同額となっていた。

③ 以上の事実によれば，受取手形の原因債権は，甲個人のNに対する貸金債権を担保するため，Mが連帯保証したことによって発生した連帯保証債権であって，これをMに対する売上げとした上，貸倒損失に計上した納税者の会計処理は仮装のものと認めるのが相当である。

④　納税者は受取手形について，納税者がM社に預けていた加工用原材料が，震災により劣化して使用不能となったため，これをM社に対する売上げとして計上したものであるなどと主張したが，震災によって水産被害が発生したとの報告もないことから，納税者の主張は事実の根拠を欠くものとして採用することはできないものというべきである。

（茂垣　志乙里）

執筆者一覧

税理士　　　林　　仲宣

目白大学大学院経営学研究科教授　　竹内　　進

林仲宣税理士事務所　　小野木賢司

税理士　　　四方田　彰

税理士　　　角田　敬子

税理士　　　茂垣志乙里

島根大学法文学部准教授　　谷口　智紀

税理士　　　高木　良昌

著者との契約により検印省略

平成28年1月20日 初版発行

実務のための
貸倒損失判例・裁決例集

著 者	林　　　仲　宣
	竹　内　　　進
	小　野　木　賢　司
	四　方　田　　　彰
	角　田　敬　子
	茂　垣　志　乙　里
	谷　口　智　紀
	高　木　良　昌
発行者	大　坪　嘉　春
印刷所	税経印刷株式会社
製本所	牧製本印刷株式会社

発行所　〒161-0033 東京都新宿区
　　　　下落合2丁目5番13号　株式会社 税務経理協会

振　替　00190-2-187408　　電話 (03)3953-3301(編集部)
ＦＡＸ (03)3565-3391　　　　　　 (03)3953-3325(営業部)
　　　URL　http://www.zeikei.co.jp/
乱丁・落丁の場合は，お取替えいたします。

Printed in Japan

© 林仲宣・竹内進・小野木賢司・四方田彰・
　角田敬子・茂垣志乙里・谷口智紀・
　高木良昌　2016

本書の無断複写は著作権法上での例外を除き禁じられています。複写される
場合は，そのつど事前に，(社)出版者著作権管理機構（電話 03-3513-6969，
FAX 03-3513-6979, e-mail : info@jcopy.or.jp）の許諾を得てください。

JCOPY <(社)出版者著作権管理機構 委託出版物>

ISBN978-4-419-06307-8　C3033